Renate Wullstein

DIE FAULHEIT DER FRAUEN

Roman

Verlag Schwarzdruck Potsdam

Umschlag: L. Stöckmann, U. Zimmermann
Satz: Utz Zimmermann
Druck: Brandenburgische Universitätsdruckerei
und Verlagsgesellschaft Potsdam mbH

ISBN 3-933297-03-6

ERSTER TEIL

1. Kapitel

Es war Ende August, als der Vollstreckungsbeamte des Finanzamtes zu mir kam. Ich hatte keine Ahnung, welche Folgen sein Besuch haben würde. Ich wußte nicht einmal was ein Vollstreckungsbeamter ist.

Im Zentrum von Potsdam betrieb ich einen kleinen Laden. Einen sehr kleinen Laden. Ich saß am Schreibtisch, trank Kaffee, hörte Radio und las gerade ein Interview mit Henry Maske. Das Interview ging über drei Zeitungsseiten und ich las es bereits zum zweiten Mal. Ich interessierte mich für berühmte Menschen, egal ob Sportler, Wissenschaftler oder Künstler. Ich glaubte, wenn ich genügend Aussagen von diesen Leuten sammelte, würde ich eines Tages selbst berühmt sein.

Ein heißer Sommer war vorbei. Noch immer strahlte die Sonne ungebrochen auf das Pflaster des Holländischen Viertels. Kein Baum in dieser Straße, der Schatten spenden könnte. Jahrelang waren die Häuser verfallen. Sie sollten abgerissen werden, dann doch wieder nicht.

Selten durchquerten Potsdamer das Gebiet, denn dafür gab es keinen Grund. Kaum Geschäfte oder Büros. Zugenagelte Häuser und Ruinen schreckten Spaziergänger eher ab.

Touristen aus dem Westen kamen am Wochenende, zeigten sich gegenseitig, was sie sahen, redeten laut und filmten die Häuser mit der Videokamera.

Einige Leute wohnten noch im Viertel, ein paar Häuser waren inzwischen saniert. Neues Leben regte sich. Es gab zwei Kneipen, eine Arztpraxis, einen Notar, einen Porzellanladen. Und mich. Mein Angebot reichte von Kunst bis Trödel.
Kurz und gut, es kam der Vollstrecker. Die Ladentür stand offen. Einen Teil der Ware hatte ich wie gewöhnlich draußen aufgebaut.
Als der Mann eintrat, erkannte ich sofort, daß er Unheil bedeutete. Ein großer Mann mit Glatze. Er trug einen schwarzen Aktenkoffer, dick wie eine Nähmaschine, und blieb auf der Türschwelle stehen. Mit einem Lächeln auf seinem Gesicht hätte ich ihn für einen Vertreter halten können. Aber der Mann war kein Vertreter. Er blickte streng:
„Sind Sie Anna Greet?"
„Ja", sagte ich prompt.
„Sind Sie die Inhaberin des Geschäfts?"
Mir fiel nichts anderes ein als zu nicken. Der Mann ergriff die Klinke.
„Ludwig, Finanzamt Potsdam, ich bin Vollstreckungsbeamter, schließen Sie bitte die Tür ab."
Ich stand auf, schloß die Tür und drehte den Schlüssel herum, während ich den Bruchteil einer Sekunde daran dachte, die Ware von draußen hereinzuholen, um Zeit zu gewinnen.
„Ich muß Sie leider pfänden", sagte der Mann.
„Ach", entfuhr es mir. Der Fremde musterte unverwandt und aufmerksam die Regale, Schränke und Vitrinen. Er hob seinen Koffer etwas an, fand aber keinen Platz, ihn abzustellen. Ich betrachtete meinen Laden nun ebenfalls, als sähe ich ihn zum ersten Mal. Es war ein langgestreckter Raum, höchstens fünfzehn Quadratmeter, aber drei Meter hoch. Die Regale reichten bis unter die Decke. Sie waren angefüllt mit Büchern, alten Ansichtskarten, Porzellan, Gemälden und sonstigem Krempel. Alles durcheinander. Was in den Regalen keinen Platz fand, stand auf der Erde. Man konnte kaum treten. Es roch nach Zigarettenrauch, was mir in diesem Moment unangenehm ins Bewußtsein drang. Ludwig teilte mit, daß ich 3900 Mark Schulden beim Finanzamt hätte, die sich aus der Schätzung meines Umsatzes ergäben.
Ich bewegte mich zur hinteren Wand. Dort stand ein ovaler Tisch aus Metall. Ein altes Exemplar, olivgrün, dreizehn mal überstrichen, etwas eingebeult und zerkratzt. Jugendstil. Ich räumte ihn soweit frei,

daß der Beamte seinen Koffer abstellen konnte. Dabei registrierte ich das RAF-Zeichen, das jemand eingeritzt hatte, als der Tisch noch zum Inventar eines Cafés gehörte. Es irritierte mich kurz. Der Vollstrecker zwängte sich auf einen Stuhl und öffnete vor sich den Koffer. Ich blieb währenddessen an meinen Schreibtisch gelehnt stehen. Er brachte eine Mappe zum Vorschein. „Dreitausendneunhundertdreiundsiebzig Mark und fünfzig Pfennig genau", verkündete er.
„Viertausend?" sagte ich.
„Ja, wie gesagt, ich muß Sie pfänden."
Er sah sich erneut im Laden um.
„Kann ich alles nicht gebrauchen", murmelte er, „das hat alles keinen Wert."
Ich nickte, denn das war auch meine Meinung.
„Frau Greet, wie sieht es in Ihrer Wohnung aus?"
„Ist offen", sagte ich sofort. Ich wandte mich zum Fenster und nickte über die Straße hinweg. „Sie können hochgehen, ich besitze nichts. Überzeugen Sie sich."
Während er mit einem Kopfschütteln das Angebot ausschlug, dachte ich blitzschnell darüber nach, ob ich ganz ehrlich war.
„Ach doch, einen Fernseher und einen Videorecorder habe ich."
„Das hat alles keinen Wert", sagte der Vollstrecker und schüttelte betrübt den Kopf.
„Wie sieht es in Ihrer Kasse aus?"
Ich drehte mich um und zog die Schublade des Schreibtisches auf. Es war ein einfacher, schwarz gestrichener Tisch aus Holz mit einer Schublade in der Mitte. Er stand direkt vor dem Fenster. Ein grüner Drahtkasten beherbergte die Einnahmen. Herr Ludwig erhob sich mehr oder weniger ruckartig, wobei der Stuhl an einen langen Spiegel stieß, der lose durch Angelsehnen befestigt war. Mit einer Hand brachte er den Spiegel wieder in Ruhestellung, dann blickte er mit mir zusammen in die Schublade. Ich klappte den Deckel der Kasse auf und zählte die Scheine vor. Es lagen etwa 90 Mark in der Kasse.
„Gut. Geben Sie mir sechzig, dreißig muß ich Ihnen lassen." Er nahm das Geld, und während er dann in seinen Unterlagen blätterte, schob ich die Lade mit dem Hintern wieder zu.
„Warum haben Sie sich denn nie bei uns gemeldet? Das hätte sich doch vermeiden lassen können."
„Ich weiß nicht, ich dachte, ich hätte nichts zu bezahlen."

„Aber Sie wissen doch, daß Sie trotzdem die Steuerformulare auszufüllen haben?"
Ich blickte ihn aufmerksam an.
„Die haben Sie doch bekommen?"
„Nein, keine Ahnung."
Er schüttelte den Kopf.
„Ihr hier im Osten denkt, es geht alles so gemütlich weiter."
Er blätterte wieder in seinen Unterlagen. Dann fand er, was er gesucht hatte.
„Ich gebe Ihnen eine Quittung über die sechzig Mark", sagte er.
„Wohin sind die denn geschickt worden, die Formulare?" fragte ich.
Der Mann gab mir die Quittung in die Hand und sah in seinem Ordner nach.
„Reiterweg eins", sagte er.
„Ach, da wohnt mein Mann, da wohne ich schon lange nicht mehr."
Ich sah mir die Quittung an.
„Kann ich die von der Steuer absetzen?"
Ludwig lachte kurz und trocken, machte aber sofort wieder eine steinerne Miene.
„Ich gebe Ihnen einen Rat", sagte er, während er seine Papiere sortierte und den Koffer schloß; und ich auf dem Schreibtisch saß und ihm dabei zusah.
„Wenn Sie morgen früh, gleich ganz früh zum Finanzamt kommen, vielleicht läßt sich dann noch etwas machen. Melden Sie sich bei Frau Engels, pünktlich um acht Uhr. Aber Sie müssen wirklich kommen."
Ich nickte, und er betrachtete abschließend den Laden.
„Hoch kann der Umsatz ja hier nicht sein", sagte er.
„Hoch ist der nicht", bestätigte ich.
„Ich glaube, ich gucke mir erst mal meine Bücher an, bevor ich zu Ihnen komme."
„Machen Sie das."
Er ging zur Tür, ich folgte ihm, um aufzuschließen.
„Auf Wiedersehen, Frau Greet, und kommen Sie wirklich."
Während er auf der Straße stand und ich ihn zuversichtlich verabschiedete, zögerte er und hob den Finger.
„Und ich gebe Ihnen noch eine Empfehlung." Er blickte mir zielgerichtet in die Augen.

„Ich glaube der Laden hier bringt nichts, geben Sie ihn auf, beantragen Sie Sozialhilfe und werden Sie nie wieder selbständig, einverstanden? Also, auf Wiedersehen."
Er drehte sich um und ging.
Sprachlos blieb ich an der Tür stehen. Ich sah ihm nach.
Schließlich kehrte ich zurück zum Schreibtisch, öffnete die Schublade, nahm die vier Einhundertmarkscheine, die unter der Kasse lagen und steckte sie in die Seitentasche meiner Latzhose.

2. Kapitel

Ich räumte die Sachen vom Bürgersteig und schloß den Laden von innen ab. Ich setzte mich an den Schreibtisch und starrte aus dem Fenster. Ich hatte einen Schock.

In diesem Sommer hatte ich das Viertel kaum verlassen. Hier war alles, was ich brauchte. Meine Wohnung, meine Kneipe und meine Arbeit. Wenngleich der Begriff Arbeit in die Irre führt, denn ich saß den ganzen Tag herum und wartete auf Kundschaft. Von der Hitze wie festgenagelt, lebte ich mit der Illusion, in einem südlichen Land zu sein, wo man den ganzen Tag an einem schattigen Platz vor sich hin döst und nur wenig braucht, um am Leben zu bleiben. Selten, oder richtiger überhaupt nicht, ging ich wandern oder baden. Ich hatte vollkommen vergessen, daß ich von Berlin nach Potsdam gezogen war wegen der Parks und Seen, vergessen, daß ich ein Haus am Wasser kaufen oder mieten wollte. Selbst die Anstrengung zu einem Spaziergang schien mir übermäßig und sinnlos. Ich schlief lange und öffnete das Geschäft erst am Nachmittag. Die Touristen, angezogen von der Attraktion holländischer Backsteinhäuser im historischen Stadtteil, nutzten meinen Laden, um Informationen über die Entstehung des Viertels zu erlangen oder Statements über den verkommenen Osten abzugeben. Nachdem ich anfangs beleidigt und bockig jede Auskunft verweigert hatte, natürlich auch deshalb, weil mir über die Geschichte des Viertels jegliches Wissen fehlte, eignete ich mir nach und nach die entsprechenden Kenntnisse an. Trotzdem verwechselte ich lange Zeit den Soldatenkönig mit Friedrich dem Großen und sagte schlicht: „Dem König haben die holländischen Handwerker imponiert, er wollte sie nach Potsdam locken."

Am liebsten wies ich auf den gegenüberliegenden Giebel, an welchem die Jahreszahl 1742 prangte.

Die meiste Zeit saß ich an meinem Schreibtisch und liebte über alles den Blick, den ich durch das Fenster auf den tiefblauen Himmel über den Häusern hatte.

Anfangs hatte der Schreibtisch einen anderen Platz gehabt, quer in der Mitte des Ladens am schmalen Wandstück zwischen den Fenstern, so daß jeder Kunde, der hereinkam, mir ins Gesicht sehen mußte. Unangenehm für beide Seiten, fand ich. Deshalb stellte ich ihn vor das rechte Fenster, saß fortan seitlich zur Kundschaft und hatte außerdem den Vorteil, die Straße beobachten zu können.

Das undurchdringliche Blau des Himmels über den roten Dächern faszinierte mich. Das Blau war absolut. Ich erdete mich an diesem Schreibtisch, und niemand konnte mir weismachen, woanders sei es schöner. Nun war es jedoch vorbei mit dem schattigen Platz.
Ich stand auf, als hätte ich inzwischen mehrere Zentner zugelegt, und ging nach hinten. Ich mußte unbedingt sofort jemandem erzählen, was passiert war.
Durch den Flur und das Lager gelangte ich in die Werkstatt von Loretta. Niemand da. Ich rief im Treppenhaus nach meiner Freundin und Vermieterin. Keine Antwort. Ich griff zum Telefon, um Toni anzurufen.
In seinem Büro lief der Anrufbeantworter. Ich hatte noch nie auf so einem Apparat eine Nachricht hinterlassen. Heute machte ich eine Ausnahme. Ich holte tief Luft und sprach schnell nach dem Piepton: „Hier ist Anna, ich möchte Toni sprechen, bitte ruf' an, es ist wichtig."
Ich ging zurück in den Laden, sah mich um, ging in die Werkstatt und wieder in den Laden. Erstmal Kaffee kochen, beschloß ich, und dann hinsetzen und nachdenken.
Auch ohne einen Blick in die Bücher war klar, daß der Vollstrecker Recht hatte; ich sollte den Laden aufgeben. Der Umsatz würde kaum steigen, denn obwohl ich nichts investierte und kaum Ware einkaufte, erhöhten sich meine Schulden ständig. Wieso vermehrten sich die Schulden, wenn mein Umsatz immer gleich blieb? Wofür gab ich Geld aus? Ich saß am Schreibtisch und sah aus dem Fenster. Das schien ein unbekanntes Naturgesetz zu sein. Ich tätigte keine Einkäufe, keine Möbel, keine Geräte, kein Hausrat, keine Kleidung. Was ich brauchte, wurde mir geschenkt oder geborgt. Ich ließ Geld in der Kneipe, aber nicht mehr und nicht weniger als früher. Manchmal fuhr ich mit Toni nach Berlin in ein Restaurant und ins Kino. Wir luden uns abwechselnd ein.
Noch im Zweifel spürte ich schon, daß die Zeit als Verkäuferin von Kunst und Trödel vorbei war. Hier gab es keinen Erfolg. Toni meinte, es läge an jedem Menschen selbst, egal an welchem Ort er sich befindet, erfolgreich oder ein Versager zu sein. Er verachtete Versager, ähnlich wie Loretta. Und er machte keinen Unterschied zwischen Männern und Frauen. Jedenfalls, was die berufliche Seite des Lebens betraf.

Ich hoffte noch eine Weile auf seinen Rückruf und beschloß, den Abend abzuwarten. Ich hängte ein Schild in die Glastür mit der Aufschrift „Geschlossen“, und machte den Laden zu.
Den späten Nachmittag verbrachte ich mit einem Spaziergang. Das erste Mal seit Jahren lief ich zum Schloßpark.
Im Schloßpark waren die Wiesen frisch gemäht. Das Gras trocken und gelb. Ich setzte mich an das Ufer des Sees, nahm eine Zigarette aus dem Päckchen, zündete sie an und blies den Rauch in die Luft. Ich starrte auf das Wasser, auf den Rest des Sommers. Gegenüber am Strand sah ich zwei Figuren, die im Wasser badeten. Kinder oder Erwachsene, die Entfernung war zu groß, um es zu erkennen. Irgendwie hatte ich ein schlechtes Gewissen, den ganzen Sommer kein einziges Mal in diesem See geschwommen zu sein. Es war ein wunderbarer See. Sauber und klar. Nach Schilf duftend und frischem Wind. Loretta war jeden Tag hierher gegangen. Und immer schüttelte sie über mich den Kopf. „Du sitzt jede Nacht in der Kneipe“, sagte sie. „Du schläfst bis mittags, dann sitzt du in deinem verräucherten Laden. Du könntest doch den ganzen Morgen am See liegen und dich sonnen. Ich verstehe dich nicht.“
Ich verstehe dich nicht, war einer ihrer Hauptsätze.
Und sie hatte Recht. Der Sommer war vorbei, ich saß hier und hatte alles versäumt. Die Sonne, das Wasser und den Liebhaber. Ich war pleite und mußte von vorn anfangen. Schöne Scheiße, dachte ich und erhob mich. Mir war nach Alkohol. Ich kehrte zurück in die Stadt.
Acht Uhr abends ging ich ins Hof-Café in der Hoffnung, dort meinen Freund Toni zu treffen, denn wir trafen uns täglich. Kein Toni zu sehen. Ich bestellte ein Glas Rotwein, nahm eine Wochenzeitung aus dem Zeitungshalter und setzte mich allein an einen Tisch. Einige Stammkunden waren da, und wie jeden Abend war die Kneipe voll. Stammgäste und Fremde machten den Aufenthalt interessant, auch wenn man allein war. Ich saß am Tresen, um mich in Ruhe auf Toni vorzubereiten. Aber er kam nicht. Ich las die Zeitung von hinten nach vorn und noch einmal. Ich trank drei oder vier Wein und wurde müde. Ich mußte nur ein paar Treppen steigen, um ins Bett zu fallen.

3. Kapitel

Am nächsten Morgen erwachte ich gegen meine Gewohnheit um sechs Uhr. Mir fiel sofort ein, daß ich heute ins Finanzamt mußte. Ich fürchtete mich davor, wußte aber, daß ich es tun würde, daß ich die Sache klären wollte. Ich schlief jedoch wieder ein und erwachte erst kurz nach acht.

Der Vollstrecker hatte mir beschrieben, wo sich das Finanzamt befindet. Eine ehemalige Garnison aus dem 18. Jahrhundert. Es wurde gerade renoviert. Bis zur Fertigstellung dienten zweistöckige Container-Büros hinten auf dem Hof als Provisorium.

Überrascht bemerkte ich als erstes, wie freundlich die Mitarbeiter auf den Gängen grüßten, und wie überaus nett Frau Engels mich empfing.

Ich erklärte die Situation, und behauptete, daß ich keinerlei Steuerformulare erhalten hätte, daß sie wahrscheinlich an die falsche Adresse gegangen wären, an die meines Mannes, von dem ich geschieden war, und der mir meine Post nicht aushändigte. Die Beamtin nickte und überreichte mir in Ruhe einen dicken Packen gefalteter, ineinander gehäufter Formulare, genau solche, wie sie bei mir zu Hause lagen.

„Muß ich hier alle Seiten und Spalten ausfüllen?" fragte ich, während ich die Blätter flüchtig durchsah.

„Das kann ich Ihnen nicht sagen, das weiß ich nicht." Die Frau tippte mit dem Finger auf das Blatt.

„Sie müssen hier oben in dieses Kästchen eine EINS eintragen, dann wissen wir, daß es sich um eine berichtigte Umsatzsteuererklärung handelt, damit wird die Schätzung hinfällig, und es kann ja sein, daß Sie gar keine Steuer bezahlen müssen. Das werden wir sehen. Bringen Sie das ausgefüllte Formular gleich morgen wieder her."

Nervös blätterte ich in den Unterlagen und versuchte zu verstehen, welche Bedeutung all diese gedruckten Formulierungen haben könnten: Steuerpflichtige Umsätze; Eigenverbrauch; Entnahme von Gegenständen. Ich warf der Steuerfrau einen Blick zu.

„Sie meinen, ich bin in der Lage, das alles hier ohne Hilfe auszufüllen?"

Sie zuckte mit den Schultern.

„Lesen Sie sich die Anleitung durch, die ist im Mittelteil."

Diese Anleitung war noch einmal so dick und genauso unverständlich: Antrag auf Einkommenssteuerveranlagung...
„Ich glaube, bei Ihnen wurde bereits eine Kontopfändung eingeleitet."
„Was?" rief ich erschrocken. Frau Engels lächelte mütterlich. „Keine Panik, das können wir wieder rückgängig machen."
„Dürfen Sie denn einfach mein Konto pfänden?" fragte ich.
„Wir dürfen alles", antwortete sie.
„Ach."
„Ich mache Ihnen ein Schreiben für Ihre Bank fertig", sagte sie. „Wenn Sie damit sofort hingehen, können Sie die Pfändung vielleicht noch verhindern."
„Das ist nett", sagte ich. Frau Engels setzte sich unverzüglich an das alte Modell einer Schreibmaschine. Ich sah mich im Zimmer um, es war noch viel kleiner als mein Laden und viel ungemütlicher.
Die Bank ließ also einfach mein Konto pfänden. Ohne mich zu informieren. Ich hatte etwa 300 Mark auf dem Konto. Zusammen mit den 400 vor dem Vollstrecker gerettetem Geld, war dies mein gesamtes Vermögen. Ich verfolgte das Klappern der Schreibmaschine. Na gut, dachte ich, es ist offenbar nur ein Spiel. Erst wollen sie ein paar tausend Mark oder den Laden ausräumen, dann muß ich nur Eins in ein Formular schreiben und bin über Nacht wieder Umsatzsteuerschuldenfrei. In mir keimte die Gewißheit, wenn ich nur die Augen offenhielt, konnte ich sie womöglich alle um den Finger wickeln.
„So." Die Finanzfrau stand auf und legte das Schreiben in den Kopierer.
„Ein Schreiben behalten Sie, dieses hier geben Sie bei der Bank ab. Und morgen bringen Sie das Steuerformular, Sie können es aber auch mit der Post schicken."
„Danke", sagte ich und verabschiedete mich.
Ich betrat die Volksbank wie jemand, der jetzt alles begriffen hatte. Zunächst wollte ich meine Kontoauszüge sehen, aber der Automat streikte.
Die Angestellte hinter dem Schalter sah mich streng und ansatzweise sogar beleidigt an. Sie nahm meine Bankkarte, tippte etwas in den Computer und verkündete: „Sie haben bei uns kein Konto."
Ich reichte ihr das Schreiben vom Finanzamt „Sie wissen doch ganz genau, daß ich hier ein Konto habe."

Sie schüttelte unwillig den Kopf und schob mir das Schreiben zurück.
„Ihr Konto ist aufgelöst, die Bankkarte behalte ich ein."
„Ja, ich weiß", sage ich. „Mein Konto ist gepfändet worden, aber in diesem Schreiben steht, daß die Pfändung ein Irrtum war."
Die Bankfrau schloß kurz die Augen. „Ich muß Ihnen keine Auskunft geben", sagte sie.
Ich wurde wütend, wußte aber nicht, wie ich es ausdrücken sollte. Vielleicht schreien?
„Ich soll Ihnen dieses Schreiben geben", sagte ich mit äußerst gepreßter Stimme.
„Das Schreiben ist nur für Sie", beharrte die Schalterfrau, deren Fettleibigkeit mir jetzt ins Auge stach.
„Es ist für die Bank", sagte ich. „Für mich habe ich eins extra."
Widerwillig nahm sie das Blatt an sich, legte es aber zur Seite, ohne einen Blick drauf zu werfen. Ich hatte einen Kloß im Hals. Gleich würde ich weinen. Wenn ich nur die geringsten Schwierigkeiten an Schaltern oder bei Behörden hatte, schossen mir Tränen in die Augen.
„Volksbank!" sagte ich grimmig, jedoch mit versagender Stimme. Ich drehte mich um und verließ das Gebäude.
Es war elf Uhr. Ich ging die drei Ecken weiter in meinen Laden, schloß von innen ab und holte mir aus Lorettas Werkstatt Kaffeewasser. Sie erschrak.
„Was machst du denn hier, um diese Zeit?"
„Ich habe einen Schock", sagte ich.
„Was ist passiert?"
„Ich mache Kaffee", sagte ich, „dann komme ich zu dir und wir rauchen eine."
Loretta legte das Werkzeug aus der Hand und kam mit nach vorn. Sie war von Beruf Glasgestalterin. Sie liebte das Glas, die Farben und die Kunst. Im Lager stapelten sich bunte riesige Scheiben, die sie zerschnitt, zerbrach und zu Bildern, Lampen, Fenstern machte. Loretta war ihrem Wesen nach dem Glas ähnlich, bunt schillernd und spröde. Sie hatte ein Kind und einen Freund. Ein Haus und einen Garten. Sie lebte nach der Devise, arbeiten kann nicht verkehrt sein. Ich bewunderte sie, fand ein solches Leben aber langweilig.
Mit großen Augen blickte sie mich an, als ich ihr die Nachricht vom Vollstrecker brachte.

Ich berichtete ausführlich.
„Es ist alles wieder in Ordnung“, sagte ich schließlich.
„Ist dir die Miete zu hoch?“ fragte sie.
„Gott bewahre.“
Ich zahlte einen Freundschaftspreis von 200 Mark im Monat. Trotzdem hatte ich inzwischen einen Rückstand von vier Mieten.
Wir rauchten und tranken Kaffee.
Meine Freundin grübelte ein paar Minuten wortlos vor sich hin.
„Du mußt dir was einfallen lassen“, sagte sie.
„Ja“, sagte ich.
Den Blick in die Bücher verschob ich auf den nächsten Tag. Ich trank den Kaffee aus und beschloß, was ich selten tat, Toni in seinem Büro aufzusuchen. Viel mehr als meine Schulden beunruhigte mich, daß ich seit gestern nichts von ihm gehört hatte. Ich verließ den Laden, überquerte die Hauptstraße in Richtung Tischlerei. Toni war selbständig. Er und seine Mitarbeiter bauten Fenster, Türen und Treppen. Nebenbei sanierten sie das barocke Vorderhaus, das sie gekauft hatten. Jede Menge Arbeit. Zuviel, fand ich. Sein Büro im Seitenflügel diente ihm gleichzeitig als Wohnung.
Sieben oder acht Leute standen im Hof und blickten nach oben. Unter ihnen eine Frau, die ich noch nie gesehen hatte. Wahrscheinlich war sie die neue Architektin, von der Toni einmal gesprochen hatte. In einem Ton, der mir gleich verdächtig vorgekommen war. Ich ging an der Gruppe vorbei und nickte mit dem Kopf. Alle grüßten zurück, außer Toni.
Ich setzte mich auf einen Stapel Kanthölzer in die Sonne und betrachtete die Architektin. Ein paar Minuten würde Toni für mich Zeit haben. Ich wollte warten. Wahrscheinlich hatten wir heute Donnerstag und der wöchentliche Rapport zur Instandsetzung des Vorderhauses wurde abgehalten. Am Abend danach regte sich Toni jedes Mal sehr auf. Gleich nach der Wende hatte er angefangen Architektur zu studieren und wieder aufgehört. Ich beobachtete, wie er mit wichtiger Miene an den Lippen der Architektin hing. Sie sah keineswegs so aus, wie er mir seine Traumfrau beschrieben hatte. Sie trug eine seltsam altmodische Bluse, Jeans, eine Frisur fast wie Dauerwelle und hatte eine auffällige Hakennase. Ich wartete, baumelte mit den Beinen und wurde allmählich unruhig. Ich trug wieder die kurze Latzhose. Ich betrachtete meine wohlgeformten braunen Beine und fand, ich sah viel besser aus als die Architektin. Vom Alter her paß-

ten die beiden vielleicht zusammen, aber sonst wohl kaum. Toni war dreizehn Jahre jünger als ich und liebte mich platonisch. Er rührte sich nicht von der Stelle. Ich sah zum wiederholten Mal auf die Armbanduhr, die er mir vor kurzem zum Geburtstag geschenkt hatte. Damit du unabhängig bist, hatte er gesagt. Ich wurde unruhig. Ich machte mich bereits lächerlich, wie ich da saß und wartete. Endlich sprang ich vom Holzstapel und verließ grußlos und aufrecht den Hof.
Auf dem Weg ins Holländerviertel verfaßte ich einen druckreifen Monolog gegen meinen Freund. Ich schloß den Laden auf und holte Kaffeewasser. Ich schaltete das Radio ein, setzte mich an den Schreibtisch und blieb stumm. Ich blätterte in einer Illustrierten. Ich war zornig und zum Äußersten entschlossen. Das Äußerste bedeutete: Trennung! Unwiderruflich. Schluß. Aus.
Die Tür ging auf, und Toni stiebte herein. „Was war das?" fragte er scharf.
„Was war was?" sagte ich, um Zeit zu gewinnen.
„Dein Auftritt während unserer Versammlung?"
„Das war eine Versammlung?"
Toni nahm eine Tasse und goß sich selbst Kaffee ein, was er noch nie getan hatte.
„Das war eine Versammlung, und das weißt du ganz genau."
„Alle haben mich gegrüßt, nur du nicht", sagte ich. „Hattest du nicht mal fünf Sekunden Zeit, mich zu fragen, was los ist?"
Toni schüttelte den Kopf.
„Nein, so nicht, nicht mit mir. Warum bist du nicht einfach zu mir gekommen, wenn es so wichtig war?"
„Pah, unterbrichst du mich etwa, wenn ich gerade Kundschaft habe? Du hast doch gesehen, daß ich da war. Denk nach."
„Wir waren gerade fertig, als du gegangen bist", lenkte er ein.
„Und woher sollte ich das wissen, bitte schön?"
„Das ist mir zu kompliziert", sagte Toni. „Seit wann interessierst du dich eigentlich für Boxen?"
Das Interview mit Henry Maske lag noch auf dem Schreibtisch.
„Schon immer", sagte ich. „Ist sehr interessant, mußt du mal lesen."
Nein. Toni wollte nicht. Neulich hatte ich ihm ein Interview mit Niki Lauda gegeben, das fand er gut. Niki Lauda als Rennfahrer, Niki Lauda als Unternehmer, Niki Lauda als Frauenheld.

Nun hatten wir uns wieder vertragen. Insgeheim sann ich jedoch über eine kleine Rache nach.
„Weshalb warst du bei mir?“ fragte er. Er saß auf einem Stuhl, die Beine lang ausgestreckt auf meinen Schreibtisch gelegt.
„Der Vollstrecker war hier, Finanzamt, der wollte fast viertausend Mark von mir.“
Ich schnappte nach Luft, als stünde die Summe noch immer an.
Toni grinste.
Ich berichtete ihm, wie ich morgens beim Finanzamt alles geregelt hatte und daß mein Konto weg sei. Ich schilderte ausführlich den miserablen Service und die Hinterhältigkeit der Bank. Auf diese Weise hoffte ich, daß er, der seine Konten ebenfalls bei der Volksbank hatte, aus Solidarität mit mir die Bank sofort wechseln würde. Ich hoffte immer, daß er etwas tun würde, irgend etwas, das seine Liebe zu mir bewies.
„Hast du eigentlich gestern den Anrufbeantworter abgehört?“
„Ja. Ich hatte bis Mitternacht zu tun, abends war ich bei Viola, wir haben über den Plänen gesessen.“
„Ist Viola die Architektin?“
„Ja.“
Ich nickte und tat ein paar unsinnige Schritte in Richtung Lager.
„Übrigens, ich habe Kacheln für dich zurückgelegt“, fiel mir ein.
Ich ging nach hinten, um die in Zeitungspapier eingewickelten Stücke zu holen. Toni sammelte alte Kacheln für seine zukünftige Wohnung, die er im Vorderhaus beziehen wollte.
Toni wickelte die Stücke aus.
„Ich nehme sie“, sagte er. „Wieviel?“
„Für dich zehn Mark das Stück, Einkaufspreis.“
„Einverstanden.“ Er wickelte sie wieder ein.
„Warst du bei ihr zu Hause?“
„Ja.“
„Warum hast du mir nicht Bescheid gesagt oder irgend was?“
„Wieso soll ich dir Bescheid sagen?“
„Hast du ein Verhältnis mit ihr?“
„Sie hat einen Mann und Kinder.“
„Na und.“
Toni warf mir einen strengen Blick zu.
Plötzlich sprang er auf, nahm einen letzten Schluck Kaffee und sagte: „Ich muß wieder los, arbeiten. Wir sehen uns heute abend.“

In diesem Moment erschien Loretta in der Tür. Ihre Lippen waren knallrot geschminkt. Sie schminkte immer nur die Lippen, niemals die Augen oder die Haut. Ihr Haar war stets kurzgeschnitten. Sie trug ein gestreiftes Arbeitshemd, das bis zu den Knien reichte.
„Hallo", sagte sie und blieb im Türrahmen stehen. Sie schaute Toni entgeistert an, als würde sie diesen Menschen zum ersten Mal sehen.
„Was gibt's Neues?" sagte Toni zu ihr.
„Nichts."
„Kaffee?" fragte ich.
Toni betrachtete das Bücherregal.
Ich goß Loretta Kaffee ein.
„Heute abend ist Ausstellungseröffnung in der Kunstfabrik" sagte Loretta.
„Geht ihr da hin?"
Ich blickte Toni an.
„Gehen wir da hin?"
„Können wir machen."
Er ging an das Bücherregal und tippte auf einen Buchrücken.
„Solltest du mal lesen", sagte er zu mir. Er zog das Buch aus dem Regal und legte es auf den Schreibtisch.
Ich las den Titel:
Der Cinderella-Komplex oder die heimliche Angst der Frauen vor der Unabhängigkeit.
Ich tippte Toni auf die Stirn. Was hatte das mit mir zu tun?
Zum Abschied hampelte er mir vor der Nase herum. Er machte seinen Oberkörper steif, kippte wie bei einer Gymnastik einmal nach vorn und einmal nach hinten; ließ plötzlich ein Bein hochschnellen. Er tat solche Dinge, um einen Überschuß an jugendlicher Energie abzureagieren. Ich bekam Angst um mein Inventar. Der Kartenständer schwankte, weil er getroffen war. In der Tür stieß Toni einen Pfiff aus, hob kurz die Hand und verschwand mit einem hysterischen Lachen.
Als er draußen war, sagte Loretta: „Komischer Typ."
Ich nickte. „Das sagst du jedes Mal."
„Das sage ich jedes Mal?"
„Ja."
„Was willst du mit dem?"
„Keine Ahnung", sagte ich. Jedem in meiner Umgebung schien klar zu sein, daß wir kein sexuelles Verhältnis hatten.

„Deine Kacheln", rief ich Toni hinterher. Er stieg bereits ins Auto.
„Hol' ich mir später", rief er. „Wann sehen wir uns heute abend?"
„Um acht in der Kunstfabrik", sagte ich.
„Gut."
Loretta bot mir eine Zigarette an, wir rauchten, und sie ging zurück in die Werkstatt.
Den Nachmittag verbrachte ich mit den Steuererklärungen. Ich fand nach kurzer Zeit Gefallen an den Zahlen. 1991 hatte ich für mein Verständnis einen guten Umsatz gehabt. Von Jahr zu Jahr war er rapide gefallen. In diesem Jahr war er in der Tat zu niedrig, um davon zu existieren. Die Papiere füllte ich mit Bleistift aus und schickte sie per Post.
Am Abend hatte ich größeren Hunger als gewöhnlich. Mein Kühlschrank war leer, die Geschäfte geschlossen. Ich kochte selten zu Hause. Also würde ich heute in der Kunstfabrik essen.
Meine Wohnung lag unter dem Dach. Sie war klein und niedrig. Vom Treppenhaus kam man direkt ins Zimmer und nach zwei Schritten ins Bett. Matratze, Laken und Wolldecke. Es gab einen Sessel und einen kleinen runden Tisch. Fernsehapparat und Videorekorder standen auf dem Fußboden neben der Eingangstür. Die gardinenlose Fensterfront gab den Blick auf die Hinterhöfe frei, auf Ruinen, Mauern und Gärten.
Vom Zimmer aus konnte man auf ein kleines Teerdach klettern. Es war schräg, und als ich einzog, hatte ich einen Dachgarten geplant. Ein Geländer, Pflanzenkübel und Korbmöbel waren meine Vorstellung. Aber wenn ich das Dach begutachtete, fand ich, es sähe auf der Schräge alles falsch aus. Obwohl das Gefälle gering war und ohne weiteres hätte ausgeglichen werden können.
Die Küche sah aus wie Kraut und Rüben. Alles in dieser Wohnung sah aus wie Kraut und Rüben.
Der Tisch war vollgestellt mit Sachen, die in einen Schrank oder eine Kammer gehörten. Oder in den Abwasch. Oder auch in den Mülleimer. Marmelade, Mehl, Teekanne, schmutzige Teller, ein Schreibblock. Ich redete mir ein, daß der fehlende Komfort kein Problem war. Es gab kein Bad, und die Toilette lag eine Treppe tiefer auf dem Hausflur. Waschen konnte ich mich nur in der Küche an der Spüle. Sämtliche Decken hatten Wasserflecken. Ich fand es sinnlos zu renovieren. Ich wohnte hier befristet bis der Hausbesitzer die Baugenehmigung bekommen und alles sanieren würde. So stand es im

Mietvertrag. Inzwischen drohte er mit Kündigung wegen meiner Schulden. Mir war es recht, ich wollte sowieso hier wegziehen. Ich wohnte gern befristet. Ich hoffte auf die Nachsicht des Vermieters. Er war ein Ostdeutscher, und wir kannten uns seit Jahren. Er war in Halle geboren, genau wie ich.
„Das verbindet", pflegte ich zu sagen.
Manchmal lehnte ich aus dem Küchenfenster und betrachtete den Hof. Dabei hatte ich oft die Idee, mein Liebhaber würde sich von hinten an mich heranmachen. Ich fragte mich, ob das technisch möglich wäre, von der Höhe her. Weiterhin fragte ich mich: Welcher Liebhaber?

4. Kapitel

Die Kunstfabrik, ehemals eine kleine Textilmanufaktur, befand sich auf einem Hof im Stadtzentrum. Als ich ankam, war er voller Menschen, die ich von anderen Ausstellungseröffnungen kannte. Ich entdeckte Toni sofort. Er stand an einer Hauswand mit einem unbekannten Mädchen. Er hatte die Angewohnheit, an einem öffentlichen Ort zunächst so zu tun, als sähe er mich nicht. Nur heute, vielleicht wegen seiner Unhöflichkeit am Vormittag, winkte er mir kurz zu.

Während ich den Hof durchstreifte auf der Suche nach einem Imbiß, dem Getränkestand und irgendwelchen Bekannten, behielt ich Toni im Auge. Er lehnte mit einer Schulter an der Wand, Arme verschränkt, Beine verschränkt und der gesamte Körper in abenteuerlicher Schräglage. Was gefiel mir eigentlich an ihm? Wie ein halb erwachsener Jüngling murrte er, wenn ich ihn berührte. Manchmal stotterte er sogar heftig. Toni hörte dem unentwegt redenden Mädchen zu. Er sah mal hier, mal dorthin. Das bedeutete Entwarnung, in dieses Mädchen war er nicht verliebt, es war ihm gleichgültig.

Gerade als er sich mit einem Ruck von der Wand abstieß und in meine Richtung kam, fiel mir eine lange Tischplatte auf, an der Essen verkauft wurde. Es war etwas Vietnamesisches oder Indonesisches, ein Brei aus dunklem Reis, Früchten, Fleisch und dazu eine schwarze klebrige Paste. Der Brei wurde in Schüsseln ausgeteilt. Ich stellte mich an die Schlange.

„Hallo“, sagte Toni schüchtern. „Wollen wir uns da drüben hinsetzen?“

Er meinte einen Leiterwagen, der mit breiten Holzbrettern beladen war. Ich nickte. Sobald ich Gelegenheit hatte, gab ich einen ausführlichen Bericht über die Geschehnisse des letzten Tages. Ich lobte das Finanzamt und tadelte nachdrücklich noch einmal die Bank.

„Wenn du arm bist, sind sie froh, dich los zu sein“, sagte Toni. „Du bist für die nur eine Last.“

„Genau. Und wenn ich mal reich bin, wenn ich mal ganz viel Geld habe“, sagte ich, „dann bringe ich es nicht zur Bank. Auf gar keine Bank.“

Toni lächelte. „Da werden die sich mächtig ärgern.“

„Da hast du nun auch wieder Recht.“

„Wann, meinst du denn, hast du ganz viel Geld?“
„Das ist eine gute Frage. Ich weiß es nicht. Ich suche noch nach einer Möglichkeit, die mir entspricht.“
„Es gibt unendlich viele Möglichkeiten“, sagte er.
„Ja, klar.“
Ich nickte und versuchte mit beredtem Schweigen das Thema zu beenden.
„Ich will Weihnachten nach Italien fahren“, sprach Toni. „Wenn du Lust hast, fahren wir zusammen, du mußt allerdings noch ein bißchen sparen.“
„Nach Italien?“ rief ich. Fast hätte ich ihn umarmt.
„Ich war noch nie in Italien“, sagte ich aufgeregt.
„Ich weiß“, sagte Toni.
„Ich war überhaupt noch nirgendwo.“
Das war gelogen.
Toni seufzte, um meinen Überschwang zu bremsen. Ich wackelte mit dem Kopf aus reiner Freude. Und sofort schlich sich ein Hintergedanke ein. Eine Reise mit Toni war eine Möglichkeit, ihn zu verführen. Ich sann diesem Gedanken nach und schwieg nun endlich.
Schließlich beobachteten wir die Leute und lästerten über sie.
Fröstelnd, denn ich hatte noch immer die kurze Latzhose an, beschloß ich, nach Hause zu laufen und mich umzuziehen. „Halt meinen Platz frei“, bat ich Toni.
Nach einer halben Stunde kehrte ich zurück, und meine Stelle war besetzt. Ich hockte mich bescheiden hinter all die Neuankömmlinge, auf den großen langen Leiterwagen. Um Toni herum standen verdächtig viele Leute. Er war keinesfalls der gesellige Typ. Hier stimmte etwas nicht. Aber ich fürchtete mich davor, einen neuen Streit zu inszenieren. In Ruhe wollte ich herausfinden, was hier los war. Und gleich erkannte ich in der Menschengruppe die Architektin. Als einzige Frau war sie das Zentrum inmitten von Männern, die auf sie fixiert schienen. Und auch Toni fühlte sich pudelwohl. Ohne mich. Er stellte mir niemanden vor. Er ignorierte mich. Ich war vollkommen Luft für ihn. Sie redeten und lachten munter. Der Mann unmittelbar neben der Architektin könnte der Ehemann sein, dachte ich. Er belauerte sie freundlich. Die Frau war aufgekratzt, sie berichtete von großartiger Architektur, die sie gerade heute abend in Berlin besichtigt habe. Und ständig berührte sie Toni. Am Arm, auf der

Schulter. Sie sah ihn aufmerksam an. Aber während sie erzählte, blickte sie auch die anderen an, auch mich. Sie erzählte es allen. Ich blickte derart gutgelaunt auf die Frau, bis sie plötzlich innehielt, mir die Hand entgegenstreckte und sagte: „Viola."
„Anna", antwortete ich prompt. Alle anderen blickten in diesem Moment zu mir und gleich wieder zurück auf Viola. Was hatte die Frau, was ich nicht hatte? Sie redete weiter. Architekten-Chinesisch. Alle waren von ihrer guten Laune angesteckt.
Ich strengte mich an, meine Gefühle zu verbergen. Die Gefahr, mich in Gift und Galle zu verwandeln war groß. Aber wie machte man das? Eine Alternative, dachte ich, ich muß mir eine Alternative suchen, mich auf etwas anderes konzentrieren, auf etwas Gutes. Ich blickte in die Runde. Ich erhob mich, um mir einen neuen Wein zu holen. Prompt rempelte mich ein langer Kerl an, hocherfreut mich zu treffen. Ich wußte weder seinen Namen noch woher ich ihn kennen sollte.
Ich blickte zur Gruppe rüber, die immer fröhlicher wurde. Ich sah, daß Toni eine Flasche Whisky ansetzte. Wenn er Whisky trank, war höchste Not. Ich wandte meinen Kopf und blickte meinem neuen Begleiter in die Augen.
„Woher kennen wir uns?" fragte ich.
„Keine Ahnung", sagte der Lange. „Ich schätze, von damals, vor dem Mauerfall. Du warst Schriftstellerin, ich war bei der Zeitung."
„Ach." Ich sah ihn genauer an. Billionen Jahre her.
„Schreibst du noch?" fragte er.
„Keine Zeile", sagte ich. „Und du, bist du noch bei der Zeitung?"
„Ja, gewissermaßen."
„Toll."
Da gab es also jemanden mit einem ungebrochenen Lebenslauf.
„Sag' mir doch deinen Namen", bat ich.
„Kolmar."
Wir standen Schlange beim Weinverkauf.
„Stimmt, jetzt erinnere ich mich."
„Ich habe jetzt eine eigene Zeitung", sagte er.
„Nein!"
„Ja."
„Was für eine Zeitung?"
„Ein Stadtmagazin. Wenn du willst, kannst du mitarbeiten."
Ich warf einen abschließenden Blick auf meine Stammgruppe.

Toni war außer Rand und Band, er lachte schallend, warf den Kopf nach hinten, legte ihn auf Violas Schulter ab.
„Oh, mein Freund ist betrunken", stellte ich fest.
Kolmar kaufte mir einen Wein.
„Wohin wollen wir gehen?" fragte er.
„In die Fabrik?"
„In die Fabrik."
Wir fanden einen guten Platz inmitten der Kunst, die wir kaum beachteten, vor einem Fenster ohne Glas mit Blick auf den Vollmond über Potsdam.
„Siehst du den Vollmond?" sagte Kolmar.
„Ich sehe den Vollmond", sagte ich.
Der nächste Tag war ein Samstag, ein guter Geschäftstag. Ich erwachte wie gewöhnlich gegen elf Uhr. Vom Flurfenster aus sah ich die Straße voller Leute. Dieser Anblick beunruhigte mich stets, all die potentiellen Kunden. Nach einer Katzenwäsche eilte ich in meinen Laden. Die Sonne schien, ich räumte die Ware auf die Straße und war gut gelaunt. Als wäre nie ein Vollstrecker dagewesen, der mir die Augen über meine Situation geöffnet hatte, kochte ich Kaffee und tat alles wie immer.
Als Toni am Nachmittag in die Straße kam, hörte ich es an den quietschenden Bremsen. Er steckte seinen Kopf durch die Eingangstür, atmete schnell, kam herein, zog sich einen Stuhl heran und setzte sich.
„Einen Kaffee bitte!"
Ich goß Kaffee ein. Und schwieg.
„Ich liebe die Frau. Aber ich habe mich vollkommen daneben benommen. Zuviel Whisky."
„Ja", sagte ich.
„Zuviel Whisky", wiederholte er. „Ich habe den ganzen Abend ihren Mann beleidigt, weil der früher Offizier bei der NVA war. Das war idiotisch, ich habe sie belabert, gekränkt, statt sie in den Arm zu nehmen und zu küssen."
„Du hast sie nicht geküßt?"
„Ach i wo."
Erschöpft trank Toni einen Schluck Kaffee.
„Gib' mir mal ein Glas Wasser, bitte, einfaches Wasser."
„Warum bist du so wütend auf einen Offizier?" fragte ich.
„Wie kann man Offizier sein?" Toni streckte sich und schob die Brust vor.

Ich lehnte am Schreibtisch, blickte ihn nachdenklich an und ging nach hinten zum Wasserhahn.
Als ich zurückkehrte, lief mein Freund wie ein Tiger am Regal hin und her. Er riß mir das Wasser aus der Hand.
„Sie hat sich einfach umgedreht und ist gegangen. Keine Ahnung, wie ich nach Hause gekommen bin... Ich muß zu ihr ins Büro, mich entschuldigen", sagte er. „Oder was soll ich machen?"
„Mach' das mal", sagte ich.
„Ich habe jeden Abend bei denen zu Hause gesessen, zur Abendbrotzeit, ich kenne die Kinder, die Wohnung. Als sie noch nicht ihr Büro hatte, haben wir die Pläne für die Vorderhaus-Sanierung in ihrer Wohnung durchgearbeitet. Wir kennen uns ja schon ein halbes Jahr. Ich muß mich entschuldigen. Jetzt sofort."
Ich war platt. „Seit einem halben Jahr ißt du dort Abendbrot?"
„Oft jedenfalls."
„Aber wir waren doch jeden Abend in der Kneipe."
„Ja, nach dem Essen, ich war da schon um sechs."
„Und mir hast du gesagt, du arbeitest bis um acht."
„Anna. Wir haben gearbeitet!"
Es war klar, ich fühlte mich hintergangen.
„Jetzt bist du also schwer verliebt."
„Verliebt. Ich liebe sie."
Toni ging hinaus. Ich folgte ihm. Er stand an der Fahrertür.
„Ich bin nervös", sagte er.
Ich legte meine Hände auf das Dach über der Beifahrertür.
„Viel Glück", sagte ich und trat zurück. Er blieb immer noch vor seinem Auto stehen. Links außen im Augenwinkel nahm ich etwas Ungewöhnliches wahr.
Ich entdeckte auf dem Rücksitz einen riesigen Blumenstrauß. Toni blickte ebenfalls zu den Blumen.
„Das ist das Mindeste", sagte er.
„Ja, klar."
Er stand immer noch draußen.
„Mach' dir keine Sorgen, wir bleiben Freunde."
Ich nickte.
„Fahren wir trotzdem nach Italien?"
„Worauf du dich verlassen kannst." Er nickte mit dem Kopf in Richtung Laden.

„Mach' Umsatz", sagte er. „Ich verschwinde. Und drück' mir die Daumen."
„Mach' ich."
„Wenn du Lust hast fahren wir heute nach Berlin ins Kino."
„Au ja."
„Such' mal inzwischen ein Kino und einen Film aus."
„Wird gemacht."
Als er weg war malte ich auf die Rückseite des GEÖFFNET-Schildes mit roten Buchstaben AUSVERKAUF. Ich erhöhte die Preise und fegte ein bißchen den Fußboden. Später ließ ich mir von Loretta das Berliner Stadtmagazin geben, um einen Film zu suchen.
In Johannisthal um neun Uhr abends waren die Straßen verlassen. Hier im Osten Berlins schien es, als stünde die Mauer noch. Auch das Kino sah aus, als sei heute nichts zu erwarten. Ich fühlte mich unsicher, wenn ich ins Kino oder zum Konzert unterwegs war. Wird es wirklich stattfinden? Habe ich die Zeitung richtig gelesen? Den Termin oder die Uhrzeit verwechselt? Oder den Ort? Wir gingen hinein. Im Vorraum saß jemand auf einem Sessel. Der Kassenraum war leer. Eine dicke Frau ging von hier nach da.
„Ist heute Kino?" fragte ich sie.
„Ja", antwortete der Mann im Sessel, „zweiundzwanzig Uhr."
„Verkaufen Sie die Karten?"
„Ja." Er stand auf.
„Gibt es hier irgendwo ein Café?" Ich stand vor ihm, als wäre ich seine Chefin.
Ja. Er beschrieb uns den Weg.
Das Café war leer wie die Straßen. Ein Barkeeper und eine Gestalt am Spielautomat. Wir sahen uns die Karte an. Teure Drinks mit verrückten Namen.
Ich ließ meinen Blick von oben nach unten und zurück über die Karte gleiten.
„Ich will einen Orgasmus", sagte ich laut genug, damit jeder es hören konnte. Toni blickte mir über die Schulter.
„Ich auch."
Ich überprüfte meinen Wunsch. „Warte mal, ich muß sehen, was drin ist, wer weiß was die hier unter Orgasmus verstehen."
Die Zutaten im einzelnen waren Sekt, Ananas, Curacao und Rum.
„Nein, viel zu süß", sagte Toni.
„Nehmen wir lieber was anderes, was mit Whisky und Gin oder so."

Wir bekamen unseren Drink.
„Wenn du einen Orgasmus hast", fragte ich leise, „ist der immer gleich oder unterschiedlich, wie ist das bei euch Männern?"
„Unterschiedlich", sagte Toni. „Wenn ich mit einer Frau schlafe, habe ich einen richtigen Orgasmus."
Ich setzte das Glas ab und sah ihn an. Schlief er denn auch mit Männern? Für einen Moment setzte der Puls aus, denn mein letzter Freund hatte mich verlassen, weil er plötzlich schwul geworden war.
„Und wenn … wenn ich es selbst mache", sprach Toni weiter, „dann ist er nicht so gut."
Ach so.
„Bei mir ist es genau umgekehrt", sagte ich.
Diese Männer, dachte ich, die bumsen mit einer Frau und bekommen einfach einen Orgasmus. Toni konnte aber nur, wenn sie seinen Vorstellungen entsprach. Wenn sie aussah wie Kate Moss, dann liebte er sie. Ja, das hatte ich inzwischen begriffen. Wenngleich Viola wohl eine Ausnahme darstellte, die zwar schlank, aber keine Kate Moss war. Für mich wäre ich schon mit dem Äußeren von Julia Roberts zufrieden gewesen.
Der von mir gewählte Film hieß „Harry und Sally". Ich hatte ihn mindestens viermal gesehen und besaß das Video. Die Frage, ob ein Mann und eine Frau befreundet sein können ohne Sex zu haben, wurde mit diesem Film ein für alle Mal beantwortet. Die Antwort lautete: Nein.
Auf der Straße sagte Toni: „Es war doch von Anfang an klar, daß die ein Liebespaar werden."
Aha.
Den Abend beendeten wir in Potsdam im Hofcafé.
Wir saßen beim Rotwein und ich lenkte alsbald das Thema auf die Architektin. Sollte er doch so schnell wie möglich mit ihr ein Paar werden. Ich war sicher, das würde höchstens einen Monat gut gehen.
„WIR LIEBEN UNS", sagte er.
„So schnell ging das."
Als ich aber nachfragte, was das praktisch bedeute, kam heraus, daß sie sich heute umarmt und geküßt hatten.
„Also ganz romantisch", frotzelte ich.
Es mußte jedenfalls verheimlicht werden. Vor dem Ehemann. Vor den Kindern. Vor den Architektenfreunden.
„Habt ihr miteinander geschlafen?" hakte ich nach.

Er schüttelte den Kopf.
„Mit ihr kann man nicht einfach so, rauf und runter."
„Ach?" Ich blickte ihn an. „Und mit wem kann man das?"

Er lächelte.
„Du hast recht, das war dumm."
Er informierte mich darüber, daß Viola mit Sicherheit bei ihrem Mann bleiben würde.
Sein Gesicht verfinsterte sich.
„Das ist mir in meinem ganzen Leben noch nicht passiert", sagte er. „Ich will eine Frau und die sagt NEIN."
„Und was ist, wenn das so bleibt?" fragte ich. „Wirst du jetzt immer so ein böses Gesicht machen? Wirst du die ganze Zeit leiden?"
„Ja", sagte Toni.
„Na prost Mahlzeit. Worunter leidest du wirklich, was ist so schlimm, du kennst sie doch kaum."
Er sah mich an, als wolle er mir an die Gurgel springen und blieb stumm.
„Ich habe Angst vor den Schmerzen", sagte er schließlich. „Ich habe Angst, weil ich glaube, daß ich nie wieder eine solche Frau treffen werde, nie wieder. Daß ich die Liebe an mir vorbeigehen lasse und niemals glücklich sein werde. Davor habe ich Angst."
Ich setzte mich gerade und trank einen Schluck Wein. Ich schüttelte den Kopf.
„Wir sitzen jeden Abend zusammen", sagte ich.
Und es war nicht das erste Mal, daß ich einen Streit mit diesen Worten einleitete.
„Was glaubst du, wer ich bin? Dein Kumpel?"
„Ja." Toni nickte. „Du bist mein Freund."
„Ich bin nicht dein Freund. Ich bin auch nicht dein Kumpel. Ich bin eine Frau." Ich unterdrückte die Wut in meiner Stimme, sprach gepreßt und gedämpft.
„Wir haben keinen Sex, aber ich bin trotzdem eine Frau. Was glaubst du, wie ich mir vorkomme, wenn du von Viola erzählst, wie du sie liebst, wie erotisch du sie findest, wie schön mager sie ist."
„Das habe ich nicht gesagt." Toni hob die Hand.
„Das ist mir egal", rief ich laut. „Ich bin nicht dein Kumpel."
Der Barkeeper drehte sich nach mir um. Ich sprach wieder leiser.
„Es geht nicht nur um Viola. Du sagst mir andauernd Bescheid, wenn dir eine Frau gefällt, wenn sie erotisch ist, wenn du sie schön findest. Das macht mich krank. Kapierst du nicht, welche Nachricht sich jedesmal dahinter verbirgt?"
Toni schüttelte den Kopf.

„Nein."
„Dahinter verbirgt sich die Nachricht: Du bist häßlich, du bist langweilig, du bist unerotisch."
Mir wurde schlecht, und ich unterdrückte die Tränen.
„Ich will nicht, daß du eifersüchtig bist", sagte er.
„Eifersüchtig." Ich winkte ab. „Du willst nicht, daß ich eifersüchtig bin. Darum geht es aber nicht. Ich will nur, daß du mit mir nicht umgehst wie mit einem Kumpel und mit mir in einer bestimmten Art über Frauen redest."
Ich lehnte mich zurück, fingerte nach einer neuen Zigarette, nahm einen Schluck, lachte, verschluckte mich und hustete.
„Dann benimm dich doch mal wie eine Frau", sagte Toni ruhig.
„Wie bitte?"
„Gut", lenkte er ein. „Ich verstehe ungefähr, was du meinst. Aber sag' mir doch bitte mal, warum du mich liebst."
„Weil du ein Mann bist", antwortete ich.

Am Sonntag herrschte wieder Hochbetrieb im Holländischen Viertel. Keine Zeit zum Nachdenken. Das Geschäft florierte, und ich zweifelte, ob es richtig sei, diesen schönen Laden aufzugeben. Schließlich kam Kolmar. Wie versprochen brachte er einige Exemplare seines Stadtmagazins, die Nullausgabe. Ich sollte sie verkaufen. Ich blätterte in einem der Hefte.
„Toll", sagte ich.
Inzwischen füllte sich der Raum mit neuer Kundschaft. Je weniger man sich um sie kümmerte, desto lieber kauften sie etwas. Nebenbei beantwortete ich Fragen, kassierte Geld und packte die Ware ein.
„Schreib' was für uns", sagte Kolmar. „Egal was, schreib eine schöne Geschichte oder eine Reportage."
Als er gegangen war, las ich das Magazin und war begeistert. Hochglanz, gute Beiträge, schöne Fotos, bekannte Namen. Ein Karikaturist aus meinem Bekanntenkreis. Und Jon, der Potsdamer Schriftsteller, der mich verachtete, weil meine Geschichten, die ich zu DDR-Zeiten veröffentlicht hatte, autobiografisch waren. Ich dachte darüber nach, ob ich eine brauchbare Geschichte in meiner Schublade hatte. Wenn nicht, würde ich etwas schreiben.
Trotz aller Verkaufserfolge am Wochenende, meldete ich in der kommenden Woche das Gewerbe ab.

5. Kapitel

Der Gang zum Sozialamt fiel mir schwer. Ich bereitete mich einige Tage vor, indem ich den Termin immer wieder verschob. Toni verachtete meinen Entschluß. Lieber würde er unter Brücken schlafen, bevor er den Staat in Anspruch nähme.

„Unter Brücken nimmst du den Staat auch in Anspruch“, sagte ich. „Da störst du ihn sogar noch mehr.“

„Ich werde nicht unter Brücken sein“, erwiderte Toni.

Das glaubte ich aufs Wort.

Das Sozialamt befand sich im ehemaligen Stasi-Hochhaus. Nie hatte ich dieses Haus betreten. Die Schranke und das verglaste Pförtnerhaus existierten noch. Ich war aufgeregt und betete vor mich hin, was ich zur Einführung im Sozialamt sagen wollte. Ich stellte mir einen strengen Mann vor, der mich abweisen würde oder unerfüllbare Bedingungen stellte.

Mein auswendig gelernter Satz lautete: Ich bin mit allem einverstanden, egal was Sie von mir verlangen werden. Ich bin einverstanden.

Nachdem ich eine halbe Stunde beim falschen Buchstaben gesessen habe, bei ‘G’ statt ‘Gr’, und sich herausstellte, daß der Beamte eine Frau war, eröffnete ich meinen Auftritt mit den Worten: „Ich habe noch zehn Mark. Es ist mir sehr peinlich, daß ich jetzt erst zu Ihnen komme...“

Das war gelogen.

„Es muß Ihnen nicht peinlich sein“, unterbrach mich die Sachbearbeiterin sofort. Sie nahm ein Din-A-4-Blatt von ihrem Schreibtisch, schob es mir über den Tisch und kreuzte die zutreffenden Rubriken an, indem sie sich vorbeugte.

„Bevor ich Ihnen Geld gebe, müssen Sie folgende Stellen aufsuchen und sich dort eine Bestätigung holen.“

Ich nickte und trotz tadelloser Vorbereitung schluckte ich, als ich die Liste sah.

- Arbeitsamt (Leistungsstelle)
- Arbeitsamt (Vermittlungsstelle)
- Krankenversicherung (Ablehnungsstelle)
- Bank (Kontoauszüge)
- Gewerbeabmeldung
- Vermögenslage der Eltern
- Mietvertrag

„Versuchen Sie bis morgen soviel wie möglich zu erledigen, dann bekommen Sie von mir einen Scheck."
„In Ordnung."
„Sind Sie zur Zeit krank geschrieben?" fragte sie.
„Nein. Aber ich habe kein Konto."
„Dann suchen Sie sich eine Bank und eröffnen eins. Gehen Sie zur Sparkasse."
„Ich habe Schulden", sagte ich. „Was mache ich damit."
„Das ist Ihr Problem, damit müssen Sie schon selbst klar kommen. Reden Sie mit den Leuten."
Ich verließ das Sozialamt mit einem guten Gefühl. Ich hatte es geschafft. Ich wußte, was zu tun war. Ich hatte tatsächlich nicht mehr viel Bargeld, aber 300 Mark waren es. Ich hatte eine Miete an Loretta gezahlt und Geld zurückgegeben, das sie mir geborgt hatte. Mein Plan, das Sozialamt betreffend war, Geld für die Reise nach Italien zu bekommen.
Zwischen Toni und seiner Architektin schien Funkstille zu herrschen.
Wenn er am Nachmittag in den Laden kam, schimpfte er auf die Bauarbeiter und auf Viola. Sie machte Fehler. Sie ließ alte Pläne liegen, nach denen die Maurer nun ein Fenster an die falsche Stelle gesetzt hatten. Eine ganze Wand mußte eingerissen werden, eine Woche Verlust.
Der Ausverkauf im Laden zog sich hin. Der Status, ohne Gewerbe und zudem Sozialhilfeempfängerin zu sein, gefiel mir. Die Öffnungszeiten wurden unregelmäßiger.
Ich rief einige Zulieferer der Kommissionsware an und machte ihnen klar, daß sie die Sachen wieder mitnehmen sollten. In der Mehrzahl waren es alte Leute, die Stück für Stück ihr Hab und Gut zu mir gebracht hatten, eine chinesische Teekanne, eine Tasche voller Bücher. Keiner von ihnen besaß ein Auto. Ich müßte den Transport organisieren. Allerdings überblickte ich, wem die Sachen gehörten. Sie waren sorgfältig aufgelistet. Die meisten Lieferer hatten jedoch nicht mal ein Telefon. Ich stand im Laden, bereit, das Problem anzupacken, und blickte mich um. Ich setzte mich hin, stöhnte und trank Kaffee. Nach einigen Minuten sah ich mich im Lager um. Hier lauerte ein weiteres Problem. Es war kein richtiges Lager, sondern eher ein Gang. Eine Verbindung zwischen Hausflur und Werkstatt. Ich teilte ihn mit Lorettas Glasscheiben, die in einem extra angefertigten

Regal lagerten. Ein ausrangierter weißer Küchenschrank stand an der Wand. Man konnte ihn vom Laden aus sehen, wenn die Tür offen stand. Regelmäßig fragten Kunden, ob sie ihn kaufen könnten, und regelmäßig antwortete ich, daß er mir nicht gehöre. Trotzdem hatte ich ihn längst in Besitz genommen. Mehr als die Hälfte des Schrankes war mit privaten Sachen vollgestopft – Fotoalben, Kleidung und Tagebücher. Der Rest der Wand beherbergte Bücherkisten, alte Hüte, sperriges Messinggestänge. Die Sachen lagerten schon so lange hier, daß ich nicht mehr wußte, wo sie hergekommen waren.
Kolmar rief mich an und fragte, ob ich eine Geschichte für ihn hätte. Nein, hatte ich nicht. Ich vertröstete ihn und mich auf später.

Das Sozialamt übernahm meine Miete. Einmal gab es Kleidergeld. Trotzdem hatte ich Weihnachten kaum einen Pfennig. Loretta hatte mich gebeten, den Laden auszuräumen. Sie wollte renovieren und ich könne mir immer noch etwas einfallen lassen, eine neue Geschäftsidee.
Als wir die Italienreise besprachen, sagte Toni, ich solle ungefähr 1.000 Mark mitnehmen.
„Ich muß mit dir reden", sagte ich. „Es ist wegen Geld. Ich habe kein Bargeld. Ich bekomme erst frühestens nächste Woche einen Scheck."
„Was für einen Scheck? Was heißt das?"
„Vom Sozialamt. Das heißt, daß ich im Moment kein Bargeld habe."
„Du willst sagen, du hast kein Geld."
„Das will ich sagen. Ich habe kein Bargeld."
Toni lachte. „Wo ist das Problem?"
„Willst du, daß ich mitkomme?"
„Mach' dir mal keine Sorgen."
„Heißt das, du lädst mich ein, oder was?"
„Bei dir piepts wohl." Er tippte zur Bekräftigung an seine Stirn.
„Dann mußt du mir also was borgen."
„Wir machen das schon", lenkte er ab.
„Ich will aber eine klare Summe, ich will Bargeld, sonst ist mir das zu verschwommen."
Toni lachte wieder.
„Was redest du denn immer von Bargeld? Was ist das für eine komische neue Redewendung?"
„Das heißt bei mir jetzt so."
„Bist du irgendwie durchgedreht?" fragte er.

6. Kapitel

Heiligabend reisten wir ab. Während andere sich gegenseitig bescherten, stiegen wir ins Auto, um über den Brenner zu fahren. Die Devise lautete: Deutschlands Autobahnen so schnell wie möglich überwinden und dann – der Sonnenaufgang in Italien. Toni geriet ins Schwärmen, wie ich es selten bei ihm erlebte. Er fragte, ob ich in meinem Leben die Alpen schon gesehen hätte.

„Nein", sagte ich. „Außer im Fernsehen natürlich."

„Das ist Wahnsinn", berichtete er. „Der Schnee auf den Spitzen, du fährst da durch und staunst nur so, so hoch kannst du gar nicht gucken."

„Die Alpen", sagte ich gedehnt. „Das klingt schon so mächtig beeindruckend."

Nach Stunden passierten wir den Brenner. Es war stockfinstere Nacht. Ich sah nach oben durch die Frontscheibe. Toni blickte ebenfalls nach oben.

„Komisch", sagte er, „sie sind gar nicht mehr so hoch."

Ihm zuliebe staunte und wunderte ich trotzdem ein paar Minuten.

Wir erreichten Italien am frühen Morgen. Es war noch dunkel und kein Sonnenaufgang weit und breit. An einer Tankstelle kauften wir Zigaretten und tranken Espresso.

„Ich bin todmüde", sagte Toni, „ich muß mich ausruhen."

„Ich auch", sagte ich erleichtert, denn ich war schon zweimal neben ihm kurz eingenickt, und einmal war es mir vorgekommen, als wäre auch er eingeschlafen, denn es gab plötzlich einen Schlenker. Scheiß' auf den Sonnenaufgang.

Wir fuhren ein Stück zurück auf einen Parkplatz. Toni klappte die Sitze runter, legte sich hin und schlief praktisch sofort ein. Ich hatte noch ein paar Minuten Schwierigkeiten halb schräg aufwärts in Rückenlage ohne Zudecke einzuschlafen. Eine undefinierbare Nervosität machte mir zu schaffen.

Fast gleichzeitig erwachten wir wieder. Die Sonne stand hoch am Himmel. Ich schwitzte. Wir befanden uns tatsächlich in Italien, was ich an der Schrift auf den Schildern erkennen konnte, jedoch an einem trostlosen Platz, Beton und die Tankstelle. Ich richtete mich auf.

„Wie siehst du denn aus?" fragte Toni zutiefst angewidert.

Wie sah ich denn aus? Ich reckte mich zum Innenspiegel. Es stimmte, ich sah entsetzlich aus.
Rot, aufgeschwemmt, kleine Augen, die Haare auf dem Kopf naß und angeklatscht. Morgens sah ich selten gut aus, aber noch nie hatte das jemanden gestört. Ich stieg wortlos aus dem Auto und ging nach hinten an meine Tasche. Bei geöffneter Hecktür kramte ich darin herum, wobei ich einen flüchtigen Blick auf Toni warf. Er gähnte laut und versuchte soweit es ging, sich zu strecken.
„Viel besser siehst du aber auch nicht aus", redete ich in seinen Rücken. Die Bemerkung ließ ihn kalt.
„Hast du mal ein Handtuch für mich?" Auf Reisen vergaß ich grundsätzlich das Handtuch.
Toni stieg aus, kam nach hinten und gab mir aus seiner Tasche ein Handtuch. Ich ging zur Tankstelle hinüber, um ein Waschbecken zu suchen.
Ich hatte eintausend Mark bei mir, konnte jetzt einfach aus dem Waschraum in eine andere Richtung gehen und verschwinden, allein weiterreisen oder zurück. Aber sollte ich so schnell aufgeben, nur weil er schlechte Laune hatte? Er hatte doch morgens immer schlechte Laune, soweit ich wußte. Mit beiden Händen kippte ich mir kaltes Wasser ins Gesicht. Noch einmal und noch einmal. Es gab keinen Spiegel, und einen Kamm hatte ich auch nicht. Mit den Fingern streifte ich durch mein Haar. Kein Grund zur Aufregung, dachte ich. Wenn er schlechte Laune hat, ist es sein Problem. Ich konnte über seine Unhöflichkeit hinwegsehen. So selbstbewußt wie möglich schritt ich über den Platz. Glücklicherweise blickte Toni gerade woanders hin. Erst als ich ihn erreichte, sah er mich an.
„Komm", sagte er barsch, „ich will weg hier."
„Ich auch", sagte ich und stieg ein.
Wie ein Rennfahrer brauste er los, mit quietschenden Reifen.
Es war kurz nach elf Uhr. Angesichts der Fremdartigkeit außerhalb des Autos, der kleinen und größeren Ansiedlungen in den Bergen, vergaß ich schnell meinen Kummer und fing an, mich zu freuen. Auto fahren. Oder besser gesagt, im Auto gefahren werden. Unbekanntes sehen, Glück und Wonne für mich. Die Sonne blendete wunderbar.
„In Venedig muß ich mir als erstes eine Sonnenbrille kaufen", verkündete ich und sah Toni flüchtig von der Seite her an. Er lächelte

vor sich hin. „Zuerst fahren wir nach Florenz. Ich weiß nicht, ob wir unbedingt nach Venedig müssen."

„Einverstanden." Alles was er wollte, nur keinen schlechtgelaunten Mann an meiner Seite.

Außerdem, Venedig, das klang nach Hochzeitsreise. Und nach Tod. Die Stadt war zu bekannt für gewisse Erwartungen.

Die Innenstadt von Florenz war für Touristen-Autos gesperrt. Wir parkten auf einem der Parkplätze am Stadtrand. Ich stieg aus, und der Ort schien mir vertraut. Ich fühlte mich augenblicklich wohl. Florenz war übervoll mit Menschen. Und nun kam es mir doch vor, als wären wir ein Liebespaar. Mir war leicht zumute. Wir scherzten, betrachteten Marktstände. Ich hielt Ausschau nach einem Ding, das ich klauen konnte, eine kleine lederne Geldbörse oder etwas ähnliches. Aber ich sah kein Ding, das mir gefiel. Wir gingen über die Arno-Brücke, auf der dicht beieinander Touristen fotografierten, sich über die Steinbrüstung lehnten, spazierten, lachten und schauten. Ich kaufte mir am anderen Ufer eine Sonnenbrille. Wir besuchten das erst- beste Restaurant, aßen, tranken Espresso und spazierten am Ufer des Flusses entlang.

Während in Deutschland grauer feuchter Winter herrschte, schien hier die Sonne.

Am frühen Abend fuhren wir weg von Florenz. Ich hatte mein Aussehen überprüft, es war in Ordnung. Ich hatte keine schöne Italienerin gesehen. Wir fuhren nach Tonis Plan quer durch die Toskana nach San Gimignano. Dort wollten wir übernachten und einige Tage bleiben, denn San Gimignano sei ein ganz außergewöhnlicher Ort auf einem Berg. Und tatsächlich, so etwas hatte ich im Traum noch nicht gesehen. Und im Traum hatte ich immer besseres gesehen als in Wirklichkeit. Der ganze Ort voller Türme. Von ehemals 56 Türmen waren allerdings nur noch dreizehn erhalten. Toni erklärte, wie sie zustande gekommen waren. Die Familien des Ortes waren verfeindet. Sie bauten die Türme als Bollwerke. 774 von Karl dem Großen das Stadtrecht erhalten, durfte nur mit einem Vermögensnachweis, meistens Handelsschiffe, gebaut werden. Die Höhe des Uhrturms von 51 Metern durfte jedoch nicht überschritten werden. Ein origineller Ort für Touristen ausgerichtet, aber um diese Jahreszeit sahen wir keine.

Es war reichlich spät. Wir mußten zunächst ein Nachtquartier finden. Ein Café-Besitzer gab uns den Tip, es im Kloster zu versuchen. Es sei kein offizielles Hotel und ganz billig. Ich kicherte leise.
„Das Zölibat", fiel mir ein. „Das paßt ja gut zu uns."
Toni schwieg.
Am nächsten Morgen wachte er mit Kopfschmerzen auf. Das kann ja heiter werden, dachte ich und beschloß, den giftgrünen Pullover mit der giftgrünen Kapuze anzuziehen.
„Wenn du einen grünen Pullover anziehst", sprach Toni müde, „dann ziehe ich meine roten Schuhe an."
Ich hatte meine Waschtasche samt Zahnputzzeug im Auto auf dem Rücksitz vergessen und zögerte, Toni um die Autoschlüssel zu bitten. Ein paar Minuten saß ich unentschlossen auf der Kante des Doppelbettes in der Klosterzelle und beobachtete, wie Toni in seiner Reisetasche kramte. Diese Reisetasche beschäftigte mich. Ein häßliches Stück, undefinierbar in Form und Farbe, rund eckig wurstelig, grau grün braun, Dederon. Toni und diese Tasche paßten nicht zueinander. Er legte Wert auf Äußerlichkeiten, auf die Ästhetik seiner Erscheinung. Wohnung, Klamotten, Auto, Frau. Diese Reisetasche fiel aus dem Rahmen. Und er schien es nicht einmal zu bemerken. Zwar war er auch mit dem Auto noch nicht zufrieden, von einer Frau ganz zu schweigen. Aber diese Dinge waren ihm bewußt. Toni nahm sein Waschzeug aus der Tasche und verließ die Kammer. Ich verzichtete auf die Morgenwäsche und wartete auf ihn.
Das Auto stand vor dem Klostertor auf einem Parkplatz. Ich entschied, den grünen Pullover wieder auszuziehen. Er paßte nicht zu meiner Stimmung. Toni blickte zu seinen Füßen hinunter und zog seinerseits die roten Schuhe aus. Ich sah seine gequälte Stirn. Während wir im Ort frühstückten, erzählte er, daß er geträumt habe. Die Tischlerei sei abgebrannt. Nun wollte er anrufen. Zurück am Tisch, meldete er, alles sei unversehrt.
Auf dem Platz vor dem Café versammelten sich italienische Familien, um in die Kirche zu gehen. Die Sonne schien und brachte mindestens fünfzehn Grad auf die Erde. Ich taxierte die Italienerinnen. Keine Konkurrenz weit und breit. Da hatte ich aber Glück. Trotzdem wunderte mich die Entdeckung, daß die Menschen im Land der Sonne zwar dunkelhaariger, aber nicht schöner als die Deutschen waren, was ich irgendwie erwartet hatte. Die jungen Frauen, die ich sah, waren stark geschminkt, und ich wußte, daß Toni geschminkte

Frauen ablehnte. Er liebte die Natürlichkeit. Die Männer waren klein und quirlig. Auf der Toilette des Cafés betrachtete ich mich aufmerksam im Spiegel und konstatierte, daß ich doch wirklich eine ganz wunderbare Frau war, nur eben vierzig statt jung.
Nach dem Frühstück gingen wir spazieren, durch den Ort, um den Ort herum, der von einer Stadtmauer umgeben war. Am Hang scharrten Hühner. Auf den Kuppen der Berge Dörfer und Burgen, einzelne Höfe und Villen, an den Hängen Terrassen voll von Olivenhainen, die ihre Blätter im Winter behielten. Weingärten, Felder in den Senken. Pulks dunkler Zypressen. Pinien, deren Kronen wie Fönfrisuren aussahen. Die Hühner gackerten und machten ihre ruckartigen Bewegungen. Hühner waren stets etwas Erfreuliches für mich. Später wollte ich wieder in der Nähe von ihnen leben. Sie erinnerten mich an eine gute Zeit.
Damals war ich ein kleines Mädchen gewesen, mit lindgrünen Shorts, darauf Teerflecken, schwarzem Turnhemd und Sandalen. Ich lebte bei meiner Großmutter und war den ganzen Tag mit dem Fahrrad im Dorf unterwegs.
Stehend, denn es war ein großes Fahrrad. Kopfsteinpflaster, Schlaglöcher, Hitze, Gärten mit dunkelroten reifen Sauerkirschen. Und immer allein. Und glücklich, allein zu sein. Ich erzählte Toni davon, bemüht, ihn in gute Laune zu versetzen. Aber ihn quälte etwas, das war offensichtlich. Am Nachmittag schlug er plötzlich mit der Faust auf das Autodach.
„Ich bin vielleicht ein Vogel“, sagte er. „Wie kannst du es nur mit mir aushalten. Ich bin doch der allerletzte Idiot.“
„Das stimmt“, sagte ich lachend, erleichtert über seinen Anfall.
„Du bist wirklich das Allerletzte.“
Am Abend aßen wir in einem leeren, großen Hotelrestaurant. Alle Tage in Italien würde ich verbringen mit der Vorfreude auf das Essen in einem Lokal. An jeder Ecke, an jeder Säule stand ein Kellner und lauerte darauf, uns zu verwöhnen. Ich bestellte mir Meeresgetier. Toni hatte einen Salat und ein Hauptgericht. Wir saßen uns gegenüber, und ich langte mit den Fingern in seinen Salat. Er blickte mich unwirsch an.
„Kannst du das bitte mal lassen?“
„Pardon.“ Ich zog schnell meine Hand zurück. Außer Suppe und Sachen mit Soße, aß ich alles mit Fingern. Und ich langte gern in das Essen des anderen. Toni hatte sich noch nie beklagt, es war das erste

Mal. Ich redete und redete, trank Wein, um besser seine Stimmung ignorieren zu können. Weit nach Mitternacht landeten wir in einer Bar, die zugleich ein Laden war. Es gab Souvenirs, Ansichtskarten, Zigaretten. Wir tranken Cointreau. Toni breitete vor mir die Italienkarte aus. Das war das Letzte, woran ich mich erinnern konnte.
Am nächsten Morgen verließen wir San Gimignano. Nach einer Weile fragte ich: „Wohin fahren wir eigentlich?"
„Warst du so betrunken?"
„Keine Ahnung", sagte ich, „Filmriß."
„Wir fahren ans Mittelmeer."
„Wir fahren ans Mittelmeer?"
Die Karte lag ausgebreitet auf meinem Schoß. Toni blickte zur Seite auf die Karte und tippte dann auf eine Stelle.
„Hier. Haben wir heute Nacht besprochen."
„Aha." Ich hatte keine Ahnung. „Wollten wir nicht nach Saturnia?"
„Was ist Saturnia?"
„Schon gut."
Vor der Reise hatte ich mich über Italien informiert, denn ich wollte einen Trumpf in der Hand haben, etwas, was ihm unbekannt war. In Saturnia gab es heiße Quellen. Dort konnte man nackt im Wasser unter dem Himmel liegen. Die Nacktheit. Offenbar war es mein Plan, Toni an die Zustände im Paradies zu erinnern. Ich behielt es im Hinterkopf. Saturnia hätte mein persönlicher Beitrag für diese Reise sein können, meine Idee.
Er fuhr, als müßte er einen Termin einhalten. Die Sonne blendete, aber ich verzichtete auf die Brille. Es gefiel mir, geblendet zu werden. Am Mittag erreichten wir das Meer. Trostlose Gegend. Ich hatte schon wieder Hunger, wagte aber keine Bemerkung zu machen. Toni bestimmte, das wurde immer deutlicher. Er hatte aufgehört, sich mit mir zu besprechen. Er sprach für sich, als er feststellte, etwas essen zu müssen. Er lenkte den Wagen auf einen großen leeren Parkplatz. Hier war offenbar nur im Sommer was los.
Der Kies knirschte unter den Rädern. Vor uns ein Kasten aus Glas und Beton, ein Restaurant, völlig leer. Wir waren die einzigsten Gäste. Der Wirt saß mit seiner Familie oder seinen Angestellten an einem großen Tisch nahe der Küchenluke. Aus einer Riesenschüssel dampfte es, und sie aßen reichlich Spaghetti. Wir wählten einen kleinen Tisch an der Fensterfront. Draußen auf der Terrasse lief ein zottliger weißer Hund hin und her, der wahrscheinlich hereinkommen

wollte. Dahinter das Mittelmeer, still und grau. Es lag keine Karte auf dem Tisch, also warteten wir auf Bedienung. Der Wirt kam persönlich und teilte uns mit, was es zu essen gab. Toni nickte, als habe er alles verstanden und bestellte Spaghetti mit Öl und Knoblauch, die Speise, die wie mir schien, auf italienisch am leichtesten auszusprechen war, außerdem eine Flasche Weißwein. Ich versuchte dem Gastronom klarzumachen, daß ich Meeresfrüchte wollte. Er wiederum versuchte mir klarzumachen, daß er nur dies und jenes hatte. Ich verstand nicht, was er hatte, winkte dann einfach ab und sagte: „Si." Er sollte bringen, was er wollte. Die Flasche Wein kam sofort.
„Was denkst du gerade", fragte Toni und sah mir aufmerksam ins Gesicht.
„Ich fühle mich nicht besonders gut", antwortete ich prompt.
„Ich weiß", sagte Toni.
Ich sah ihn verwundert an. Und plötzlich war es soweit. Bevor ich die nächsten Worte von mir gab, räusperte ich mich.
„Ich will nicht mehr verletzt werden", sagte ich und legte die brennende Zigarette in den Aschenbecher, weil ich merkte, daß meine Hand zu zittern begann.
„Ich will dich nicht verletzen."
„Ich weiß, daß du mich nicht verletzen willst, es ist aber jetzt so, daß ich darunter leide, daß es so ist, wie es ist. Weiter will ich dazu nichts sagen."
„Ja." Er nickte. „Dann sage ich etwas."
„Aha?"
„Ich kann nicht mehr."
„Was ist los?"
Toni schwieg.
„Was kannst du nicht mehr?" Ich war überrascht. Nun fehlte ihm also doch der Sex.
„Was kannst du nicht mehr?" ermunterte ich ihn.
„Alles. Es geht nicht mehr. Ich kann nicht mehr mit dir zusammensein."
„Wie meinst du das?" fragte ich blödsinnig.
„Daß wir uns trennen, meine ich."
„Was?"
Der Gastronom kam in diesem Augenblick und stellte das Essen hin. Ich bekam das gleiche wie Toni. Diesen Fall hatten wir noch nie. Die italienische Familie oder die Angestellten aßen noch immer. Ich sah

hinüber, während das Essen serviert wurde. Sie aßen, tranken und redeten. Ich sah dem Wirt hinterher, wie er wegging. Ich sah das Essen an. Ich sah Toni an.
„Ich weiß, daß es eine Zumutung ist", sprach er weiter. Zugleich begann er zu essen.
Er drehte die Spaghetti auf dem Löffel zusammen. Mein Magen war auf einmal dicht und zu.
„Ich weiß das", sagte er. „Ich weiß auch, daß ich das nicht mit jedem machen könnte, aber es geht nicht mehr. Ich kenne mich, ich werde dann ganz finster. Das kann ich dir nicht zumuten."
Ich schaute ihn konzentriert an. Meine Spaghetti dampften ein bißchen und dufteten nach Knoblauch und Olivenöl. Ich hörte ihm zu. Ich wartete.
„Du meinst, daß wir uns jetzt hier mitten in Italien trennen?" fragte ich dann.
„Ja."
Ich sah über die Restaurantfläche hinweg zur Eingangstür. Zur Ausgangstür. Das war der Ausgang und draußen Feindesland.
„Ich habe die ganze Nacht nicht geschlafen", sagte mein Gefährte. „Es gibt keine andere Möglichkeit für mich."
„Du hast nicht geschlafen?" fragte ich ungläubig. Er nickte. Ich begann, in meinem Essen herum zu stochern. Das Gesicht dicht über dem Teller, bugsierte ich die dünnen Nudeln in meinen Mund. Ich nahm niemals den blöden Spaghetti-Löffel zu Hilfe. Ich weigerte mich, westliche Manieren anzunehmen, und es ärgerte mich, daß Toni so tat, als wäre er damit aufgewachsen. Mit Parkuhren, Mautgebühren, Fernbedienung und dieser vornehmen Art, Spaghetti zu essen.
Er beobachtete mich beim Essen. Ich fühlte mich kontrolliert, legte die Gabel auf den Teller und ließ sie dort ruhen.
Ich nahm einen Schluck Wein. Jede Bewegung, die ich nun ausführte, schien einen Minuspunkt einzubringen. Ich zündete eine Zigarette an.
Toni hatte also einen Entschluß gefaßt, während ich im Koma gelegen hatte. Er hatte eine Entscheidung getroffen, und sie nun mitgeteilt.
Erst jetzt bemerkte ich, daß der weiße Struppelhund, der vorher draußen gewesen war, mitten im Restaurant auf dem Steinfußboden lag. Die Schnauze auf seinen Pfoten. Er blinzelte mich an und schloß

dann die Augen. Ich starrte auf den kleinen Hund, als erwöge ich, mich neben ihm niederzulassen.
„Du meinst, wir gehen jetzt hier raus und trennen uns?"
„Was schlägst *du* vor?"
Ich? Wieso ich? Ich hob die Hände und sah zur Seite auf das graue träge Mittelmeer.
„Ich glaube, ich habe einen Aussetzer", sagte ich.
„Gut, dann teile ich dir jetzt meinen Plan mit."
Soso. Sehr interessant. Einen Plan hatte er auch schon. Sein Teller war leer. Er zündete sich eine Zigarette an. Ich beobachtete ihn dabei. Im selben Moment bekam ich einen Wink von oben. Einen Wink direkt aus dem Universum.
Der Satz lautete: Es ist nur ein Test, sammle deine Kräfte.
Ich lehnte mich zurück. Mein Herz strengte sich an und wurde kräftig.
„Mein Plan wäre, wir fahren heute wie besprochen auf die Insel, übernachten dort irgendwo, fahren morgen früh nach Rom, und dann macht jeder Seins", sprach Toni.
Ich nickte zustimmend.
„Gut. Einverstanden."
„Wirklich?"
„Klar."
Das hörte sich doch schon ganz anders an. Rom. Nicht hier auf dem Parkplatz. Rom, großer Bahnhof, große Stadt, großer Abschied. Und erst morgen, nicht heute. Ich nickte noch einmal zur Bestätigung. Schweigend saßen wir uns gegenüber, tranken Wein.
„Du glaubst also wirklich, daß du unabhängig bist?" unterbrach er die Pause.
„Unabhängig?" sagte ich verwirrt.
Was sollte das nun wieder? Mir fiel sofort Alkohol und Nikotin ein. Das Sozialamt. Essen und Trinken. Was war unabhängig? Was meinte er? Ich suchte nach einer knappen Formulierung.
„Wie man's nimmt", sagte ich.
Ich hatte keine Ahnung, worauf er abzielte. Toni reckte und streckte sich etwas. Er lehnte sich nach hinten mit solcher Steife, daß ich fürchtete, die Stuhllehne könnte brechen.
„Ich bin unabhängig", verkündete er.
„Ach." Das überraschte mich aber doch.

Auf der Insel gingen wir gleich wieder in ein Restaurant. Es befand sich auf einer Seebrücke, wo es nach Tang roch, totem Fisch mit Meerwasser und nach Holzschutzmittel. Hier herrschte Betrieb wie zur Hochsaison. Menschen drängten sich zwischen Autos. Die Autos standen dicht hintereinander und kamen nur stockend vorwärts. Sie alle, die Fußgänger und die Autos, schoben sich die Uferpromenade entlang, dann um die Ecke herum, wie zu einem Fest. Sie schoben sich auch wieder zurück, denn es gab kein Fest. Die Hinschiebenden vermischten sich mit den Rückschiebenden. Viele Cafés und Restaurants. Ich hatte Appetit auf Eis. Oder Pudding. Etwas Süßes jedenfalls. Nachdem Eis und eine Flasche Wein bestellt waren, ging ich unter dem Vorwand, auf die Toilette zu müssen, hinaus. Ich setzte mich auf das Holzgeländer, sah auf das schmutzige Wasser unter mir und dachte an gar nichts. Dann kamen mir ein paar Tränen, und nach angemessener Zeit kehrte ich zurück. Ich aß das Eis, trank dazu den Wein, und wir bemühten uns gegenseitig um Entspannung und Problemlosigkeit.
Auf der Suche nach einem Hotel, fuhren wir vom Nachmittag bis zum Abend in den Bergen herum. Je höher wir kamen, desto dichter folgten die Kurven aufeinander. Keines der Hotels war geöffnet, luxuriöse Flachbauten, bestimmt teuer, inmitten von Koniferen und anderen immergrünen Gehölzen. Aber der Preis spielte für uns keine Rolle mehr. Wir fuhren die Serpentinen wieder hinab. Vereinzelt begegneten wir Limousinen, unklar, wo die hin wollten.
Die Sonne schien unentwegt, das Mittelmeer glitzerte. Unten im Ort drängten noch immer die Menschen über die Promenade. Wir parkten und suchten in einer Gasse, die in den Ort führte, nach einem Hotel, brachen jedoch die Suche gleich ab, als Toni vorschlug, erst einmal wieder essen zu gehen. Die Idee kam ihm vor einem Weingeschäft, halb Laden, halb Gastwirtschaft. Die Weine lagerten an den Wänden entlang über den Tischen. An einem langen Buffet hinter Glas lagen Delikatessen aller Art aus.
Wir waren abermals die einzigen Gäste. Ich spürte großen Hunger. Nachdem der Tag nun gelaufen war, als wäre nichts besonderes geschehen, hatte ich Appetit auf viele verschiedene Happen. Ich wählte lange und sorgfältig und bestellte mir eine Platte Vorspeisen. Ich empfand das Leben schon wieder als recht behaglich. Meine Vorspeisen-Platte hatte beträchtliche Ausmaße, sie füllte den halben Tisch. Toni sah ruhig alles an. Ich plapperte zusammenhanglos, sprang von

einem Thema zum nächsten, piekste die Happen ordentlich mit der Gabel auf und spürte die Gewißheit, daß ich eines Tages die Frau sein würde, die ihm gefiel. Abrupt unterbrach er meinen Redefluß.
„Mich stören plötzlich Sachen an dir, die mich früher nie gestört haben."
Wie bitte? Ich blickte auf, legte die Gabel weg und sah ihm direkt in die Augen, in seine kleinen ungenauen Augen. Er wich meinem Blick aus.
„Es liegt nicht an dir", setzte er hinzu. „Es ist nur mein Gefühl, daß du für mich unerträglich bist. Du bist genauso wie immer, aber es stört mich jetzt, daß..."
„Ich will es nicht wissen", unterbrach ich ihn hastig. „Hab' schon verstanden."
Ich nahm die Gabel wieder auf und stocherte leicht gelähmt im Meeresgetier. Nun sah ich es deutlich: Ich provozierte ihn ständig. Ich blickte auf die kleinen Kostbarkeiten. Die knorpligen, die weichen – die rosa violett weißen – die kleinen toten Ureinwohner der Meere, die ich permanent bestellte. Nicht ausschließlich, weil ich sie gern aß, sondern auch, um ihn zu ärgern. Ich wußte, daß er die Weichtiere haßte. Muscheln, Austern und Oktopusse. Allein der Anblick war für ihn ekelerregend. Seine Abneigung machte mich geradezu süchtig. Aber an diesem Abend hatte ich zusätzlich, sozusagen als Abschiedsgeschenk, Speisen bestellt, die er gern aß, Mozarella, Tomatenscheiben, Olivenöl, gefüllte Weinblätter, eingelegte Auberginenscheiben. Die Platte hatte ich in die Mitte geschoben, um ihn zu ermuntern, einmal bei mir mit zu essen. Toni jedoch hielt sich stur an seinen eigenen Teller. So quälte ich mich nun durch das Sammelsurium hindurch.
„Ich will heute noch nach Rom", hörte ich mich plötzlich sagen. „Jetzt sofort."
„Gut." Toni wirkte erleichtert. „Fahren wir nach Rom."
Ich ließ ihn nicht aus den Augen. Noch besser wäre, ich könnte hier einfach sitzenbleiben, und er würde sich irgendwie auflösen. Wie machte er das nur? Ich sah mich mit seinen Augen. Häßlich, dumpf, ohne Glanz. Ich bildete mir sogar ein, Dämpfe zu entwickeln, die unangenehm rochen. Und er? Er fühlte sich vermutlich als der richtige Mann am richtigen Ort. Mit der falschen Frau. Jetzt erkannte ich es. Er wünschte sich die Architektin an meine Stelle. Und das

schon die ganze Zeit. Dieser Mistkerl. Wer war er denn? Ich fand ihn nun auch häßlich. Seine steife Figur, sein Topfhaarschnitt.
Wir fuhren durch die Nacht. Nun würde ich Rom sehen. Keine Musik. Nur das Brummen des Motors und Tonis Schweigen. Fast dreihundert Kilometer lagen vor uns. Ich fühlte deutlich, er hatte nur noch eins im Sinn: Mich wegschaffen.
In mir entwickelte sich Wut. Na toll, dachte ich. Ich hielt meinen Kopf steif und sah nach vorn. Nein, mit mir nicht. Hier war etwas ganz falsch. Das konnte ich mir nicht gefallen lassen.
Es wütete in mir, ich platzte fast. Du willst dich trennen, dachte ich, du hältst es plötzlich nicht mehr aus, du kannst auch nicht mehr normal mit mir reden, du mußt mich nur noch loswerden. Das wollen wir erst einmal sehen.
„Was?"
Toni hatte etwas vor sich hin gemurmelt. „Was ist, was hast du gesagt?"
„Man ist sowieso immer allein", wiederholte er lauter.
Ach so, er sprach mit sich selbst.
Ich kochte. Auch noch jammern, du wirst dich wundern, du wirst dich gleich mächtig wundern.
Wir erreichten Rom. Es war zwei Uhr in der Nacht. Und just, da ein Entschluß in mir gereift war, lockerte sich mein Genickmuskel, ich sah mich um und betrachtete die letzten Meter zum Bahnhof als Stadtrundfahrt.
Aber das war keine Stadt, das waren riesige erleuchtete Steinmassen, Plätze, Brunnen. Auf meinem Schoß lag der Stadtplan von Rom, den ich völlig ignorierte.
Sollte er sehen, wie er zum Bahnhof kam. Ich blickte aus allen Fenstern, rechts, links, hinten, vorn. Prima. Toni hatte keinen Blick für die Stadt übrig. Mit einem Mal zog er eine Kurve und bremste scharf. Wir standen auf einem kleinen Parkplatz.
„Wo ist dieser Scheiß Bahnhof?" Er schlug mit der flachen Hand auf das Lenkrad.
„Nein", ich schüttelte den Kopf. „Mit mir nicht, mit mir machst du das nicht."
„Was ist denn jetzt los?" schrie er. „Was denn jetzt? Du warst doch einverstanden, du wolltest doch nach Rom."

„Ja. Aber jetzt will ich nicht mehr!" Ich schrie ebenfalls. „Du kannst mich nicht einfach rausschmeißen, bei voller Fahrt, das geht so nicht."
„Aber du wolltest doch unbedingt, heute noch, du warst es, du wolltest das."
„Ach ja ?"
Toni blickte mich zornig an.
„Was ist denn jetzt damit, ich denke, du bist so eine tolle Frau, wo ist deine Großartigkeit jetzt?"
„Scheiße, ich weiß nichts mehr." Ich schrie und heulte zugleich.
„So, Schluß", sagte er. „Hier."
Er drehte den Stadtplan um, der verkehrt gelegen hatte und drapierte ihn mit verhaltener Heftigkeit erneut auf meinem Schoß.
„Du guckst auf diese Karte und führst uns zum Bahnhof." Er schaute, indem er sich herüber beugte, selbst auf den Plan.
„Hier, guck, hier ist der Bahnhof. Alles klar? Wir sehen nach, wann ein Zug fährt, und dann können wir von mir aus noch einen Kaffee trinken."
„Ja."
Es fuhr in dieser Nacht kein Zug mehr. Und ich wäre auch gar nicht eingestiegen. Eher, und besonders um ihn zu bestrafen, hätte ich mich auf dem Bahnhof ausrauben, vergewaltigen und umbringen lassen.
Ich wachte auf, als seine Hand in meine fiel. Mit einem Schlag war ich hellwach. Meine Hand lag offen in der Mitte des Doppelbettes, und seine fühlte sich heiß an. Ich wagte nicht, mich zu bewegen, nicht einmal zu atmen. Was hatte das zu bedeuten? Ob er schlief oder wach war. Was bedeutete dieses Händehalten?
Wahrscheinlich gar nichts. Meine Einbildung spielte mir einen Streich wie in der Pubertät, als ich mir einen Freund wünschte, Gesten auf mich bezog und sie als Zeichen der Zuneigung deutete. Die Jungs waren ohne jede Absichten. So ging ich auch jetzt besser davon aus, daß Tonis Hand zufällig in meine gefallen war. Und daß der Zufall keine Bedeutung hatte.
Trotzdem rührte ich mich nicht. Es schien eine Ewigkeit zu dauern, bis er eine andere Schlafhaltung einnahm und das Hände halten ein Ende hatte.
Am Morgen stand ich früher auf als sonst. Früher als er und früher als überhaupt jemals. Es war ein teures Zimmer in einem kleinen Ort

an der Fernstraße nach Siena. Der Zimmerpreis hing neben der Tür. Toni hatte in der Nacht drauf getippt und mich vorwurfsvoll angesehen. Ich ging unter die Dusche. Danach steckte ich alle Sachen ein, die im Zimmer herumlagen. Streichhölzer, Notizblöcke, Briefpapier und ein kleines schwarzes Fläschchen mit Haarwäsche. Ich wußte, daß der schlafende Toni mein Handeln mißbilligen würde. Ich wußte auch, daß der schlafende Toni bestimmt nicht schlief. Er war im Prinzip stets wachsam.

Unten im Frühstücksraum trank ich mehrere Espresso hintereinander und beschäftigte mich mit italienischen Vokabeln. Toni kam durch den Frühstückssaal. Ich sah ihm nüchtern entgegen. Ich fühlte mich ausgewogen, neutral. Er setzte sich und sagte „Guten Morgen."

Der Kellner kam sofort, um seine Bestellung aufzunehmen. Toni brachte kein zusammenhängendes Wort heraus. Er hatte schon lange nicht mehr gestottert. Es freute und schmerzte mich zugleich. Nun stotterte er wieder. Er, der beste von allen, der starke, erfolgreiche Toni. Der Unabhängige. Der Kellner sah zu mir, in der Hoffnung, ich würde ihm mitteilen, was mein Freund wünschte. Aber ich grinste nur und blickte wie das Mitglied einer Prüfungskommission auf Toni. Und der Kellner mußte ausharren, bis der Stotterer fertig war. Während er dann frühstückte, fiel mir etwas ein.

„Weißt du was ich nicht verstehe?" fragte ich möglichst emotionslos.

„Nein."

„Ich verstehe nicht, warum alles so dramatisch ist, als hätten wir eine Liebesbeziehung gehabt."

Er sah an mir vorbei.

„Vielleicht ist es so", sprach er. „Vielleicht ist es vergleichbar mit einer Liebesbeziehung."

Ich nickte knapp. Die Antwort genügte mir. Sie befriedigte mich sogar außerordentlich.

„Ich schlage vor, du bezahlst das Hotelzimmer, ich bezahle das Benzin", sagte er nach dem Frühstück.

Gestern auf der Insel hatte er vor sich hin geredet, jedoch so, daß ich es genau verstehen konnte. Er wollte nach unserer Trennung nach Florenz zurückkehren, den Bauch in die Sonne hängen, wie er meinte. Und noch ein paar Tage bleiben.

Ungeheuerlich.

Daß er glaubte, ein paar schöne Tage ohne mich verbringen zu können. Die nächsten Tage würden gar nicht schön sein, für keinen von uns beiden. Toni tankte am Ortsausgang und fragte mich dann, wo er mich absetzen sollte, in Siena oder in Florenz.
„Ich weiß nicht. Siena. Nein. Florenz wäre mir lieber."
„Du solltest dir Siena ansehen", schlug er vor.
„Nein, ich möchte lieber nach Florenz."
Die Atmosphäre im Auto war gut. Wir redeten wenig, aber ohne Feindseligkeit. Ich teilte ihm mit, daß ich für die nächsten Tage furchtbare Geschehnisse erwartete, häßliche Menschen, kein billiges Zimmer kriegen, Geld verlieren würde. Oder etwas in der Art.
Von dem Augenblick an, wo wir getrennt sein würden.
„Unsinn", sagt Toni. „Das ist esoterischer Quatsch. Es liegt doch ganz allein an dir, was passiert."
Entschieden schüttelte ich den Kopf. Das Unglück würde unweigerlich eintreffen, aber wenigstens war ich vorbereitet. Sollte die Prophezeiung sich selbst erfüllen.
Wir erreichten Florenz, und es schien mir, als würden wir nach Hause zurückkehren, auf heimatliche Erde. Nach vielen Jahren.
Toni parkte auf demselben Platz wie vor drei Tagen. Ich packte in meine Tasche das nötigste, einen kurzen Rock, Strumpfhosen, den grünen Kapuzenpullover, Tagebuch, Schreibzeug, Hotelführer. Die restliche Kleidung und den Schlafsack ließ ich im Auto. In einem kleinen Café wollten wir uns trennen. Ich würde noch einen Tag bleiben und morgen abend abreisen. Toni begleitete mich zum Bahnhof und suchte verschiedene Züge für mich heraus, während ich in einer Schlange am Schalter stand, um eine Information über den Fahrpreis zu bekommen. Als er zurückkehrte, fragte er, was er noch für mich tun könnte.
„Nur, was du möchtest." Ich lächelte so zweideutig wie möglich.
„Ich werde wahrscheinlich auch morgen zurückfahren", sagte er.
So. Erst jetzt fühlte ich mich richtig wohl und bereit für die Trennung. Jetzt, wo die Trennung überflüssig geworden zu sein schien.
Toni wünschte, daß ich ihm einen Amaretto spendiere, daß wir zusammen einen Amaretto trinken. Wir betraten das nächstbeste Café. Es war ziemlich groß und hoffnungslos überfüllt. Offenbar hatten wir ein Stammlokal der einheimischen Männer erwischt. Und obwohl einige von ihnen zwischen den Tischen und Stühlen stehend debattierten, entdeckten wir hinten an der verspiegelten Wand einen

kleinen freien Tisch. Ich setzte mich mit dem Rücken zum Spiegel und hatte einen guten Überblick. Toni saß mit dem Rücken zum Publikum, er wollte ohnehin gleich wieder gehen. Am Tresen standen sie in Dreierreihe. Angesichts der vielen aufgeregten Männer um mich herum fühlte ich: Das Leben geht weiter, und es ist wunderbar. Ich trank meinen ersten Amaretto in Italien.

„Ich werde dann jetzt gehen", sagte Toni.

„Gut", sagte ich. „Ich werde noch einen Moment bleiben, damit du einen Vorsprung hast."

Ich lächelte anhaltend und nickte ihm zu.

Er stand auf, stellte den Stuhl ordentlich an den Tisch und ging los. Nach wenigen Schritten drehte er sich um und hob die Hand, so wie er es gewöhnlich zum Abschied tat. Ich lächelte noch einmal. Dann hob ich die Kaffeetasse, setzte sie an die Lippen, obwohl kein Tropfen mehr drin war, und ich das auch genau wußte.

Ich ließ eine angemessene Zeit verstreichen, bevor ich meine Tasche schulterte und auf die Straße trat. Es war Sonntag. Ich wollte einen Stadtplan kaufen und ein Hotel für die Nacht suchen. Immer noch war die Stadt voller Menschen. An einer Straßenkreuzung blieb ich stehen und blickte in verschiedene Richtungen. Das beste wäre jetzt, einen Zeitungskiosk zu suchen, dachte ich. Jemand tippte mir auf die Schulter. Toni. Ich drehte den Kopf. Nein, ein Fremder. Ein großer Mann stand neben mir. Ich erkannte ihn sofort. Es war einer der Männer aus dem Café. Seinem Mantelstoff nach zu urteilen war er wohlhabend.

Schadenfroh dachte ich an Toni. Ich bekam, was ich verdient hatte.

Der Reiche sprach englisch. Er fragte, ob ich etwas suche. Ich ließ ihn wissen, daß ich einen Stadtplan kaufen und dann ein Hotel suchen wolle.

Er sagte, daß es am Sonntag keinen Stadtplan zu kaufen gebe und die billigsten Hotels in der Nähe des Bahnhofs seien.

Am Zeitungskiosk müsse es aber Stadtpläne geben, erwiderte ich. Er führte mich am Ellenbogen über die Kreuzung und lachte.

Er sei in Florenz geboren und wisse, daß sonntags die Kioske geschlossen sind.

Ich verstummte endlich. Sein Name sei Franco, und er habe mich im Café beobachtet, mich und den jungen Mann, und warum der gegangen sei.

Beschwingt, leichtfüßig, fröhlich und vertrauensvoll bewegte ich mich neben Franco durch die Stadt. Ich begann ihm die ganze Liebesgeschichte zu erzählen, fühlte mich wie siebzehn, und Franco bestätigte mit seiner Heiterkeit und mit Komplimenten mein Empfinden. Toni hatte Recht behalten, es mußte kein Unglück folgen. Es kam das, was man sich wünschte. Franco war also ein echter Italiener, ich schätzte ihn etwa 50 Jahre alt. Er informierte mich in einer meiner wenigen Redepausen darüber, daß er in New York lebe und über die ganze Welt mit Textilien handele. Unterwegs zu einem kleinen Hotel, wo ich mir ein Zimmer reservieren ließ und die Reisetasche abstellte, hatte ich alles gesagt, was es über Toni und mich zu berichten gab. Ich war glücklich. Für den Abend lud Franco mich zum Essen in ein Restaurant ein, das er besonders liebte. Eine breite alte Holztreppe führte auf die Galerie. Es war ein teures Restaurant; und dieses Mal hatte ich keinen Hunger, nur wenig Appetit und wollte lediglich Mozarella und Tomaten mit frischem Basilikum. Mein Begleiter bestellte eine Flasche Rotwein, trank jedoch kaum etwas davon. Er hatte Kopfschmerzen, Depressionen, er sei jetzt 53 Jahre alt und habe alles im Leben genossen, Frauen geliebt und erfahren, daß sie stärker seien als Männer. Er sagte, ich solle Toni nicht im Stich lassen.
Empört richtete ich mich auf.
Du triffst in deinem Leben nur selten einen Menschen, der zu dir gehört, sagte Franco, sei damit nicht leichtsinnig. Zweimal, dreimal, kannst du so etwas erleben, setze es nicht aufs Spiel.
Er redete mit nachdrücklicher Stimme auf mich ein, so daß ich den Eindruck bekam, ich sollte auch sein Leben nachträglich retten.
„Was soll ich tun?" fragte ich.
Er schlug vor, die Trennung zu ignorieren und Toni übers Wochenende in ein Hotel einzuladen.
„Aber da kommen wir ja gerade her", sagte ich. „Ich kann doch den Mann nicht vergewaltigen."
Geduld, ich solle Geduld haben.
Mir gefiel es gut, daß Franco mich anfeuerte.
Ich nickte dem Italiener zu. Gleich morgen würde ich einen Brief an Tonis Adresse in Potsdam schreiben.
Ich hatte die Flasche Wein praktisch allein geleert, und nun wollte ich Franco mit ins Bett nehmen. Er begleitete mich zum Hotel, gab seinen Paß an der Rezeption ab und durfte somit in mein Zimmer.

Er hatte zwei Whisky an der Rezeption bekommen, nun setzte er sich in den Ledersessel und war müde. Ich bat ihn, bei mir zu schlafen, wenigstens neben mir, aber Franco wollte nach Hause. Mit dem Sex ist es vorbei, dachte ich vor dem Einschlafen, früher herrschte noch die Unersättlichkeit, als man hinter der Haustür der Liebe pflegte.
Am nächsten Morgen war ich jedoch froh, allein zu sein. Wie eine Erscheinung, die lediglich deshalb ihren Auftritt hatte, um mir den weiteren Weg zu weisen, war Franco gekommen und wieder gegangen. Ich lag auf dem breiten Hotelbett und beschloß, diesen Weg sofort einzuschlagen. Die dicken Vorhänge waren zugezogen. Ich machte mich an die Morgentoilette, ging ins Bad und ließ Wasser in die Wanne. Länger als sonst putzte ich mir die Zähne, spülte das Gesicht und die Augen mit klarem, kaltem Wasser. Dann überprüfte ich im Spiegel, was das wohl bewirkte. Ich setzte mich auf das Bett, zog die Strumpfhosen an, langsam und sorgfältig, genau wie die Frauen im Film. Und den sehr kurzen Rock. Ich zog die Vorhänge zurück. Mein Blick fiel auf den Innenhof des Hotels. Keine Sonne am Himmel. Feine Asche rieselte von oben nach unten. Ich begab mich in den Frühstücksraum. Alles lief bestens, kein Unglück hatte mich ereilt.
Später betrat ich die Straße und entdeckte, daß die Asche auch hier rieselte, und daß es keine Asche war, sondern Schnee. Es war Schnee. Ein eisiger Wind schlug mir um die Beine.
Im Bahnhofsklo zog ich mich um. Jeans, Pullover, Lederjacke. Ich gab meine Tasche zur Gepäckaufbewahrung und nahm nur Geld und Notizbuch an mich. In einem Café in der Nähe wollte ich an Toni schreiben. Ich fror. In ganz Florenz war man auf diese Kälte nicht vorbereitet. Das Café hatte keine Heizung. Ich ließ den Plan, einen Brief zu schreiben fallen und trug statt dessen Notizen in mein Tagebuch ein: ES SCHNEIT. ICH HABE EINE BLASE AN DER LIPPE. ICH BIN ALLEIN. Ich verließ das Café und stieg in einen Bus. Auch hier gab es keine Heizung. Der Bus fuhr durch die Stadt und dann hinaus in die Berge. Immer mehr Leute verließen den Bus. Ich war allein und fror. Ich blickte aus dem Busfenster und meine Augen füllten sich mit Tränen, bis ich nichts mehr erkennen konnte. An der Endhaltestelle pausierte der Fahrer fast zwanzig Minuten. Ich blieb im Bus sitzen und zitterte. Zurück in Florenz kaufte ich mir als Andenken in einem Gemüseladen frisches Basilikum.

Am Abend sah ich im Bahnhofsrestaurant ein Ehepaar. Der Mann war älter als sechzig, trug teure Kleidung und umarmte die Frau. Sie lachte. Sie war so alt wie er, gut betucht und geschminkt. Sie waren glücklich.

7. Kapitel

Ich schminkte mich selten, und wenn, dann nur unauffällig. Von jedem etwas. Ein wenig Lippenstift, ein wenig Wimperntusche, Lidstrich, etwas Rouge. Ich wollte die Akzente nur leicht setzen. Nie wagte ich, die Lippen als Blickfang zu schminken, dick und tiefrot wie Loretta, obwohl es mir gefiel. Oft hatte sie auf mich eingeredet, auch die anderen Frauen.

Anna, du solltest was aus dir machen.

Zunächst glaubte ich, sie meinten es beruflich. Aber sie meinten Schönheit. Augenbrauen zupfen, Wimpern schwärzen, ein bißchen mehr Pflege. Mehr Weiblichkeit. Sogar die Haare sollte ich mir färben. Loretta sagte, brünett würde mir stehen, eine andere wünschte schwarz.

Das ist Betrug, sagte ich. Aber manchmal dachte ich darüber nach. Vielleicht hatten sie recht. Ich könnte damit anfangen, die Haare öfter zu waschen, sie lange vor dem Spiegel zu bürsten. So etwas taten Frauen. Eine Polin, die ich beim Schminken beobachtet und gefragt hatte, ob es ihr um die Zeit nicht leid täte, die sie am Spiegel verbrachte, hatte geantwortet, es sei die beste Möglichkeit für sie, zu entspannen. Indianer malen sich auch an, sagte ich mir schließlich.

Silvester schminkte ich mich.

Den Jahreswechsel hatte ich mir anders vorgestellt. Eine Überraschung für Toni war geplant. Wo auch immer wir gefeiert hätten, in Florenz, in Perugia oder Rom, ich hatte eine Tüte im Kofferraum des Autos deponiert mit folgendem Inhalt: Schwarzes Baumwoll-Spitzenkleid vom Trödelhändler, schwarze Strapse, Netzstrümpfe und eine blonde Perücke, dazu Kajal- und Lippenstift. Ich hatte mir vorgestellt, in der Toilette zu verschwinden und als eine fremde Person vor meinen Freund zu treten.

Nun verbrachte ich Silvester in Potsdam in meiner Stammkneipe. Die Tüte und den Schlafsack hatte Toni mir vor die Wohnungstür gestellt. Auch er kam in unsere Kneipe. Höflich unterhielten wir uns ein paar Minuten. Später, am frühen Morgen flirtete ich mit einem fremden Mann, der mit seiner Freundin da war. Er sagte, er wolle irgendwann gern mit mir schlafen. Ich fühlte mich geehrt und nahm den Zettel mit seiner Telefonnummer entgegen. Sein Name war Max. Ich wußte, ich würde ihn niemals anrufen.

Einen Tag nach Neujahr empfing mich mein Wohnungsvermieter Wolfgang auf dem Treppenabsatz mit zusammengekniffenen Augen. Er hatte die Baugenehmigung zur Sanierung erhalten.
„Ich habe dir Umzugskartons vor die Tür gestellt“, sagte er. „Wenn du in diesem Monat noch ausziehst, erlasse ich dir die Hälfte der Mietschulden.“
„Das brauchst du nicht“, sagte ich gleich. „Wir hatten ja vereinbart, daß ich ausziehe, wenn du baust.“
„Sei nicht so dumm“, sagte er.
„Da hast du auch wieder Recht.“
Ziellos lief ich durch die Stadt. Schließlich ging ich zu Loretta.
„Wolfgang hat die Baugenehmigung“, sagte ich. „Ich muß raus.“
„Ach du Schreck. Und nun?“
Ich zuckte mit den Schultern. „Am liebsten würde ich ein Haus besetzen, hier im Viertel, ich trau mich aber nicht.“
„Wie willst du denn ein Haus besetzen, die sind doch gesichert.“
„Eben.“
„Frag doch mal meine Nachbarn“, sagte sie.
„Ach na klar.“ Ich schlug mir mit der Hand vor die Stirn.
Die Nachbarn hatten schon im Wendejahr 1990 im Hinterhof ein Nebengebäude besetzt. Unauffällige Jurastudenten. Von der Straße aus war die Besetzung nicht zu sehen, da viele Fenster und Haustüren in der Straße mit Platten vernagelt waren.
Von Lorettas Garten aus konnte man die Jungs über den Zaun beobachten. Einmal hatten sie uns zu einer Geschlechter-Tausch-Fete eingeladen. Wir kamen mit Stock und Zylinder. Der kleine Student mit Halbglatze, den sie Opi nannten, hieß an jenem Abend OMI und saß die ganze Zeit im Schaukelstuhl.
„Die nehmen mich bestimmt auf“, sagte ich. „Die sind auch nicht so jung wie sonst Hausbesetzer.“
Loretta nickte: „Ordentliche Leute.“
Am nächsten Abend klingelte ich am Nachbarhaus und bekam prompt Quartier. Jemand sei gerade aus dem Seitenflügel ausgezogen, ich könne dort ganz für mich allein sein. Ich besichtigte die Räume. Eine ehemalige Werkstatt. Der Ofen funktionierte nicht, weil der Schornstein fehlte. Im Vorraum fehlten die Fenster. Wolfgang versprach, mir zu helfen. Er hatte Eile. Er brachte mir eine elektrische Heizung und baute Fenster ein. Ich zog um, von einer Straßenseite auf die andere. Wolfgang trug Möbel und Kisten.

Im Februar fielen die Temperaturen auf -11° C. Ich lebte noch immer von der Sozialhilfe und nannte sie Staatliches Stipendium.
In meinem neuen Zimmer rieselte der Putz von den Wänden. Teilweise lag das Mauerwerk bloß. Hellrote einfach gebrannte Ziegelsteine. Von Dreck und Staub abgesehen ein romantischer Anblick. Im Sommer würde der enge Hof grün zugewachsen sein. Weingeflecht an der Mauer. Ich schlief unter Decken, Mantel und Jacken. Ein Haufen Wärme. Mittags stand ich auf und verließ sofort die Behausung. Ich plante eine erste große Arbeit für Kolmars Stadtmagazin, eine Obdachlosenreportage. Allerdings war die Höhle zu kalt, um an der Schreibmaschine denken und schreiben zu können. Ich hatte ein neues Café gefunden, das Artur. Jeden Tag ging ich mit Lektüre und Notizbuch dorthin. Ich wollte weder Toni noch sonst einen Bekannten treffen. Aus Kostengründen hielt ich mich den ganzen Nachmittag mit einem Kännchen Tee auf.
Die Studenten im Hinterhaus beriefen eine Hausversammlung ein. Ein Millionär aus München hatte angeblich das Haus gekauft. Bis Mai sollten wir ausziehen.
Eine schmale Steintreppe führte zum Gemeinschaftsraum der Studenten. Von außen wirkte das Haus geräumig, es hatte zwei Etagen und einen großzügigen Dachraum. Innen sah die Sache anders aus. Im Kampf gegen Kälte und Feuchtigkeit waren alle Räume noch einmal in Verschläge unterteilt. Wolldecken und Holzwände ließen den Eindruck eines Labyrinths entstehen. Die komplizierteste Kammer hatte Opi. Er mußte sich vom Flur aus durch ein kleines Fenster zwängen, um in seine Koje zu gelangen. Er stieg unmittelbar ins Bett. Der restliche Platz war durch einen Schreibtisch mit Stuhl ausgefüllt. Der Gemeinschaftsraum in der zweiten Etage wurde eng, wenn alle da waren, die Studenten, ihre Freundinnen und ich. Wenn ich mich bei ihnen aufhielt, wunderte ich mich, daß ich so selten da war. Sie wunderten sich auch. Sie heizten die Öfen, hatten einen großen Fernsehapparat, Videos, Schach und andere Spiele, eine funktionierende Küche mit einer Durchreiche zum Gemeinschaftsraum.
Die Jungs boten mir Bier an, ich bevorzugte aber den Wein, den die Mädchen mitgebracht hatten. Ich fühlte mich fremd und steif. Ich fragte nach dem Stand der Dinge, denn ich wollte den Kreis alsbald wieder verlassen. Was würden wir tun? Ein großer Student, der Lan-

ge genannt, erklärte die Situation. Ich war froh, daß ich nichts investiert hatte, keine Reparaturen, keine Renovierung, keine Arbeit. Im Vorraum lagerte noch das Umzugsgut. Kisten, Kartons mit Trödel und übriggebliebenen Kleinkram aus dem Laden, Tücher, Karten, Stadtpläne, Grafiken. Es war feucht geworden. Wenn es regnete, fielen Putzbrocken von der Decke auf die offenen Kisten. Hin und wieder spielte ich mit dem Gedanken, alles wegzuschmeißen. Genauso gut konnte ich es stehenlassen, wenn ich auszog. Der Wäschekorb quoll über von dreckigem Geschirr, es gab keinen sauberen Löffel mehr in meinem Haushalt. Ich sehnte mich nach einer eigenen Küche. Mal wieder Ente Rotkohl Klöße. Ein Nudelauflauf. Hühnersuppe. Kartoffelbrei und Leber. Die Gemeinschaftsküche der Studenten war problematisch. Die alte Kochplatte stand auf einem hohen Bord, so daß man nicht in die Töpfe gucken konnte. Nur ein dünner Wasserstrahl floß aus dem 5-Liter-Boiler, der erst angeschaltet werden mußte. Und es dauerte, bis das Wasser heiß wurde. Außerdem wußte ich nicht, worüber ich mit Jura-Studenten reden sollte. Es wurde allgemein beschlossen, den Mai abzuwarten.

Manchmal sah ich Loretta auf der Straße. Wenn möglich, wich ich ihr aus. Ich wußte, daß sie sich um mich sorgte. Ich war arbeitslos und hauste in einer Bruchbude. Ein elender Zustand. Ich sah es anders. Ich arbeitete an den Notizen zu meiner großen Obdachlosenreportage.

Einmal stellte sie mich auf der Straße zur Rede.

„Wie geht es dir?“ fragte sie.

„Gut“, sagte ich.

„Das glaube ich nicht“, sagte sie. „Ich glaube, du weichst mir aus.“

„Loretta“, sagte ich. „Ich bin vollkommen anders als du. Für mich ist jede Erfahrung interessant.“

„Du meinst, du bist extra obdachlos und Sozialhilfeempfängerin, um darüber schreiben zu können?“

„Nein. Ich hätte auch im Lotto gewinnen können. Alles, was passiert, ist in Ordnung.“

Sie schüttelte den Kopf. „Ich glaube dir das nicht. Was machst du denn den ganzen Tag?“

„Ich schreibe für das Stadtmagazin.“

„Und die bezahlen dir was?“

„Ja“, sagte ich.

„Ich dachte wir sind Freundinnen", sagte Loretta. „Aber das hatte wohl nur mit dem Laden zu tun?"
„Ich weiß es nicht", sagte ich wahrheitsgemäß.
„Übrigens morgen Abend gehen wir zum Fasching", sagte Loretta. „Nur Weiber, komm' doch mit, wir treffen uns zum Verkleiden um acht bei mir."
„Wer?"
Sie zählte drei Frauen aus dem Kreis der freischaffenden Künstlerinnen auf, die ich flüchtig kannte.
„Mal sehen", sagte ich. „Vielleicht."
Ich war froh, als sie sich von mir verabschiedete. Ich war auch froh, daß sie es vermieden hatte, mich an meine Schulden zu erinnern. Fasching werde ich bestimmt nicht feiern, dachte ich.

Am nächsten Morgen, dick eingehüllt auf meiner Matratze, sah ich plötzlich ein schwarzes Loch. Meine Zukunft. Ich bekam Angst. Ich setzte mich auf und blickte direkt von der Matratze durch das Fenster auf den Hof. Es war noch dunkel, sieben Uhr. Das kann nicht sein, dachte ich, ich bin gesund und kräftig und verrecke hier langsam.
Es muß anders werden. Umgehend plante ich drei Schritte. Erstens die Obdachlosenreportage beenden. Zweitens Teilnahme am Fasching und drittens eine bürgerliche Zeitung mit Heiratsannoncen kaufen und lesen. Alter Mann, reich, sucht junge Frau. Oder so ähnlich.
Ich schlief noch einmal ein.
Mittags stand ich auf, fuhr mit den Fingern ein paarmal durchs Haar, so daß es wie gekämmt aussah, steckte mein Notizbuch ein und ging ins Café. Ich beschloß, den Plan ausführlicher zu notieren. Ich bestellte Tee und schlug mein Heft auf. Ich wollte zunächst herausfinden, warum ich mich in dieser miserablen Situation befand.
In mir mußte doch etwas sein, was mich antrieb, was mich in Schwung brachte und etwas tun ließ, etwas Kräftiges und Gutes. Ich blickte verträumt aus dem Fenster. Noch nie hatte ich mich derart blockiert gefühlt. Endlich war der Kommunismus zusammengebrochen, endlich hatte ich alle Möglichkeiten der Welt, und nun stellte sich heraus, daß ich unfähig war, sie zu nutzen.

Ich schrieb an meiner Obdachlosengeschichte und noch am selben Nachmittag kaufte ich die „Zeit“ und las die Heiratsannoncen. Eine gefiel mir. Sie hatte dieselbe Überschrift wie das Motto, das ich gerade umkreiste.

Neubeginn.

Univ. Prof. Dr. Ing., 39 Jahre, lehre u. arbeite in einem künstlerischen Beruf. Wahnsinnig sensibel, zuverlässig jedoch außergewöhnlich im Handeln. Ich freue mich über jeden Tag. Bin sehr ausgeglichen. Ich denke, auf diesem Wege eine schlanke Frau, ab 27 Jahre, kennenzulernen, die gemeinsam mit mir die Oberflächlichkeit unserer Zeit überwinden will, deren Schönheit aus dem inneren Vermögen entspringt. Die in unserer neuen Verbindung ihre Sensibilität ausleben und gemeinsam das gegenseitige Vertrauen neu entdecken will. Die gemeinsam mit mir das „freie Leben“ neu, auf der Basis der größtmöglichen Freiheit schenken will, da dies die größtmögliche Verbindung darstellt. Ich bin sehr vermögend, jedoch unabhängig von materiellen Zwängen… besitze keine Verlustangst. Ich liebe die Großzügigkeit und alles Schöne, dessen Ursprung die Qualität ist. Ich wünsche mir, mit Dir die Faszination der Wahrheit zu entdecken. Ich freue mich sehr über Deine „Bildzuschrift“. Bildzuschrift aus dem Grunde, da in Verbindung mit dem geschriebenen Wort und einem ersten „Augenblick“ doch schon sehr viel gesagt werden kann. Zuschriften erbeten…

Ein Foto würde sich finden. Ich entwarf einen Brief. Noch immer blickte ich aus dem Fenster, als ich ein bekanntes Geräusch hörte. Quietschende Bremsen. Tatsächlich stieg Toni aus dem Auto. Er kam herein, setzte sich außer Atem zu mir und sagte kurz und bündig:
„Wollen wir uns mal wieder treffen?“
„Ja“, sagte ich, wie vom Blitz erwischt.
„Gut. Morgen abend zwanzig Uhr hier?“
„Ja.“
„Ich muß gleich wieder los.“ Er sprang auf und weg war er.
Ich sah ihm nach. Dann schrieb ich in mein Notizbuch DER GUTE FREUND.

Ich suchte im Vorraum die für Silvester in Florenz geplante Überraschungstüte mit Perücke und Kleid. Endlich konnte ich sie testen. Ich ging zu Loretta nach Hause. In der Wohnung über meinem ehemaligen Laden tobte eine Verkleidungsorgie; laute Musik und fröhliche Frauen. Ansteckende gute Laune. Ich zeigte ihnen das Kleid, das ich ausgesucht hatte.
„Du mußt dich aber mal richtig schminken", sagte Loretta. „So wie wir alle."
„Einverstanden." Heute war es so weit. Ich streifte vorsichtig das schwarze Spitzenkleid über. Der Stoff war alt und brüchig. Loretta gab mir einen goldenen Gürtel.
Ich stellte mich im Badezimmer vor dem Spiegel auf. Die blassen Lippen färbte ich ein paarmal hintereinander, bis sie dunkelrot waren. Den Lippenstift benutzte ich auch für die Wangen. Ich tupfte auf jede Seite einen Punkt und verrieb sie mit Zeige- und Mittelfinger gleichmäßig. Mein Gesicht bekam Akzente. Ich tuschte die Wimpern tiefschwarz und zog Lidstriche. Die blonde Perücke bestand aus großen Locken. Die Hausherrin reichte mir rosa Clips für die Ohrläppchen und eine rote Lacktasche. Außerdem überredete sie mich, ein hellgrünes Viskosetuch um die Stirn zu schlingen. Die Tuch-Enden baumelten seitlich über der Wange. Ich war verblüfft. Ich sah hübsch aus. Schön. Vollkommen anders als in Wirklichkeit.
Als Lorettas Freund nach Hause kam, ging ich ihm auf der Treppe entgegen und grüßte. Er erkannte mich nicht.
„Er erkennt mich nicht", rief ich. „Er hat mich nicht erkannt."
Alle Frauen und der Mann waren so begeistert, daß ich fürchtete, sie wünschten mich immer so.
Weibchen. Eine außerordentlich hübsche Tussi.
Wir saßen dicht gedrängt im Auto und fuhren zum Stadtrand in die Konzerthalle. Der Saal war brechend voll. Uns blieb nur übrig, draußen auf den Gängen mit unseren Drinks hin und her zu wandeln. Das Faschingsprogramm hörten wir aus der Ferne, oder wir ahnten es, weil gejohlt und gepfiffen wurde. Wir beschlossen, den Ort zu wechseln. Im Kutschstall am Neuen Markt sah die Sache anders aus. An den langen Tischen waren Plätze frei. Und obwohl das Programm unsere Intelligenz beleidigte, blieben wir. Unentwegt schrien die Leute HELAU. Getanzt wurde zu deutschen Schlagern und Schunkelliedern. Verunsichert blickten wir uns um, blickten uns gegenseitig an und tranken den Wein etwas zu hastig. Ich wurde von

Männern zum Tanzen aufgefordert, von denen ich nie geträumt hatte. Ich erinnerte mich, wie schmerzlich es für mich als Siebzehnjährige gewesen war, nie zum Tanz aufgefordert zu werden. Endlich durfte ich erleben, was ich verpasst hatte. Erstaunlich dumme Sprüche von den Tanzpartnern drangen an mein Ohr. Und erstaunlich war auch, wie wohl ich mich dabei fühlte. Die Freude auf dem Tanzparkett hielt sich dennoch in Grenzen.
Nach einer guten Stunde beschlossen wir, in dieser Formation in unser Viertel zurückzukehren und den Abend im Stammlokal zu beenden.
Dort angekommen, kümmerte ich mich kaum noch um meine Gefährtinnen. Ich sonnte mich im Erfolg, von niemandem oder fast niemandem erkannt zu werden. Meine neue Identität gefiel mir in meiner vertrauten Umgebung noch besser als beim Karneval. Morgens um drei war ich der letzte Gast, und plötzlich kam mir der Gedanke, in diesem Aufzug zum Rendezvous mit Toni zu erscheinen.
Am Vormittag erschien mir die Idee weniger verlockend. Der Mut hatte mich verlassen, ich war nüchtern.
Am Mittag, während ich noch immer unter meinem Deckenberg auf der Matratze lag, klopfte ein Student und brachte Post für mich. Es war eine Nachricht von Toni. Er sei heute verhindert und würde sich melden.
Ich war enttäuscht. Gleich dachte ich darüber nach, wer an Tonis Stelle am Abend mein Partner sein könnte; ich wollte auf jeden Fall mit meinem Kostüm unter die Leute gehen. Mir fiel der Mann von Silvester ein, Max.
Auf der Straße hatte sich Glatteis gebildet. Ich schlitterte zur Telefonzelle und schaute unterwegs auf die Visitenkarte. Ich hatte Glück, er war da.
„Ich soll dich anrufen“, sagte ich.
„Ich freue mich“, sagte er.
„Mir ist heute ein Rendezvous geplatzt, hast du Lust, mich zu sehen?“
„Als Ersatzmann?“ brummte er.
„Gewissermaßen, ja.“
Wir verabredeten uns für zwanzig Uhr im Artur. Ich war guter Dinge, deshalb setzte ich trotz Kälte meine elektrische Schreibmaschine in Gang und schrieb aus meinem Notizbuch den Anfang der

Obdachlosengeschichte ab. Eine halbe Stunde vor der verabredeten Zeit saß ich im Café, verkleidet, Perücke, geschminkt. Die Wirtin erkannte mich erst an meiner Stimme, nachdem ich ausnahmsweise Wein bestellt hatte, denn ich ging davon aus, eingeladen zu werden. Sie machte mir Komplimente. Die rote Lacktasche baumelte über der Stuhllehne. Ich freute mich auf den Mann.
Dann stand er in der Tür und blickte sich um. Ich lächelte und hob die Hand. Ich winkte. Zögernd kam er auf mich zu. Während er sich setzte, wurde mir im Bruchteil einer Sekunde klar, daß ich einen Fehler gemacht hatte. Ohne jede Spur von Humor sah er mich an, eher ratlos als erfreut.
„Fasching", sagte ich und zuckte mit den Schultern. Ich hob mein Weinglas, prostete ihm zu, um ihn zu ermuntern. Was hatte ich mir bloß dabei gedacht, einen völlig fremden Mann so zu schockieren?
„Wie findest du mich?"
Max schaute mich an, er drehte den Kopf und bestellte ein Bier, dann sah er mich erneut an.
„Sag' doch mal was", bat ich.
„Alle sind ganz begeistert von mir, und ich auch, ich fühle mich wie jemand anderes, so ganz und gar weiblich, was sonst ein Problem für mich ist, weißt du." Ich winkte ab.
„Der Aufzug war ja für meinen Freund Toni gedacht, ich wollte ihn überraschen, aber er hat abgesagt, das hab' ich dir ja erzählt, und nun: Die ganze Schönheit für dich."
Ich boxte ihn am Oberarm. „War ein Witz, Mensch."
Aber er lachte nicht, er nahm sein Bier, trank einen Zug und sah mich weiter stumm an. Nein. Vorwurfsvoll. Er sah mich vorwurfsvoll an.
Gut. Ich erzählte ihm vom Fasching. Alle Einzelheiten, bis er mich schließlich unterbrach.
„Einen Moment mal", sagte er mit ruhiger, tiefer Stimme.
„Ja?" Ich blickte ihn irritiert an. Auch voller Hoffnung.
„Du redest hier seit einer halben Stunde."
Ich blickte auf meine Armbanduhr.
„Und ich", murrte er. „Ich will nicht reden, ich will auch nicht, daß du redest, ich will dich einfach nur ansehen."
„Ach." Er wollte mich ansehen.
Ich blickte über seine Schulter hinweg, dann sah ich wieder ihn an. Er sah wirklich unzufrieden aus. Aber egal, ich blieb entschlossen,

einen interessanten Abend zu haben. Einen fröhlichen interessanten Abend.
„Du willst mich nur ansehen?"
„Richtig."
„Und ich soll nicht reden, ich soll hier sitzen, einfach so?"
Der Mann lächelte. Endlich ein Lächeln.
„Du mußt immer die Situation beherrschen, stimmt's?"
Ich nickte.
„Apropos Situation, heute schlafen wir aber nicht zusammen, fällt mir da gerade ein."
Er lächelte wieder. Oder immer noch.
„Wo ist eigentlich dein Problem?"
Puh.
„Ich kann hier nicht sitzen und mich angucken lassen, ich kann das nicht", sagte ich.
„Du kannst nicht loslassen, das ist dein Problem."
„Nenn' es, wie du willst." Fast war ich soweit, mich zu ergeben.
„Jedenfalls ich, ich rede immer viel, so bin ich eben."
Max lehnte sich zurück. Er war kräftig gebaut, genauer gesagt, er war dick. Plötzlich entdeckte ich eine Warze auf seiner Wange. Was bildete er sich eigentlich ein, dachte ich, dieser Fettkloß, der kann doch froh sein, daß ich hier bin. Eine Frau von meinem Format, egal wie ich mich benahm.
„Willst du noch einen Wein?" fragte er kühl.
„Unbedingt", sagte ich und dachte wehmütig an die schönen Stunden mit Toni, der mein Geplapper liebte. Oder doch wenigstens ertrug. Der über mich lachen konnte. Bald würde ich ihn wiedersehen. Ich freute mich schon, selbst wenn er es nicht verdient hatte. Ich wollte ihm viel erzählen.
Ein paar Minuten später hörte ich mich sagen: „Nimmst du mich mit zu dir?"
„Gern", war die Antwort. „Aber setz' doch wenigstens die Perücke ab."
Eine Eisschicht überzog nicht nur die Bürgersteige, auch die Fahrbahn war spiegelglatt. In einem uralten Mercedes fuhren wir in Richtung Stadtrand. Max bewohnte ein Bungalow im Wald. Mit Unmut registrierte ich seine Fahrweise. Während andere Autos an uns vorbei vierzig bis fünfzig Stundenkilometer fuhren, krochen wir mit zwanzig über die Straße. Vorsichtige Männer mochte ich nicht. Aber nun

saß ich hier. Mitgehangen mitgefangen. Nach einer guten dreiviertel Stunde langten wir endlich bei ihm an.
In der Veranda lagerten Äpfel. Im Zimmer war es eng. Bücherregale, Bücherhaufen, ein großer Tisch, ein Bett. Im Ofen brannte Feuer. Max brachte Holz und legte nach.
Wir redeten kaum miteinander. Ich machte ein paar Komplimente, um ihm zu zeigen, daß ich mich wohl fühlte. Max öffnete eine Flasche Rotwein.
„Du kannst dich ausziehen, wenn du willst", sagte er „und das Bett anwärmen."
Ich blickte unschlüssig auf das breite, alte Holzbett, das unter dem Fenster stand und mit einer dicken Matratze, Federbett und drei großen Kissen ausgestattet war.
Wenn ich längere Zeit nicht mit einem Mann geschlafen hatte, war ich eine Jungfrau. Ängstlich, verklemmt, unsicher. Max setzte sich in einen Sessel mir gegenüber und sah mich an. Er lächelte, und mir wurde klar, dass er es wußte. Ich war nervös. Langsam begann ich mich im Sitzen auszuziehen, schnallte den goldenen Gürtel ab, streifte die Schuhe von den Füßen, die Strumpfhose und stand auf, um das Kleid über den Kopf zu ziehen. Die Spitzen, zum Teil bereits eingerissen, mußten vorsichtig behandelt werden. Als ich nackt war, schlüpfte ich schnell unter das Federbett und verlangte das Glas Wein. Er reichte es mir. Er zog sich aus. Ich trank einen Schluck, stellte das Glas auf das Fensterbrett und rückte an die Holzwand.
„Setz dich auf mich", befahl er. Ich gehorchte. Ich schwang mich über seinen Leib und betrachtete seinen Schwanz. Ich führte ihn ein und bewegte mich, bis ich außer Kontrolle geriet. Ich schrie „Ja, ja, ja." Und es gefiel mir, wie wild ich war, obwohl ich nicht unterscheiden konnte, ob es Wut oder Lust auf den Mann war, die mich antrieb. Ich bewegte meinen Hintern, meine Hüften, mein Becken, als wollte ich ihn zu Tode reiten. Lautlos, mit leicht angehobenem Haupt und unbewegter Mimik, starrte er auf mein Schenkeldreieck, auf mein Schamhaar.
Abrupt, und ohne, daß ich seinen Erguß bemerkt hätte, drehte er den Kopf zur Seite. Er schloß die Augen und tat geräuschvoll einen Atemzug der Erschöpfung.
Kühl und enttäuscht betrachtete ich ihn. Ich war in einer Verfassung, in der ich die kleine Orgie gern fortgesetzt hätte. Ich verließ die Stellung und nahm einen Schluck Wein. Ich erwartete ein

Kompliment für meine Leidenschaftlichkeit. Max wälzte sich aus dem Bett.
„Ich fahre dich zurück", sagte er.
„Was?"
„Ich fahre dich nach Hause."
Im Auto wühlte ich in einem Haufen Kassetten. Ich wollte nicht reden. Beim Abschied im Holländischen Viertel trafen wir keine Verabredung. Wortlos waren wir uns einig.
Am nächsten Tag besuchte ich Toni im Büro. Er lud mich für den Abend zum Essen ein, zu einem teuren Italiener in Berlin. Wir erzählten einander, was wir erlebt hatten. Toni hatte mit Viola geschlafen. Dann hatte er sich von ihr getrennt. Er hatte sich auf eine frühere Freundin besonnen und war zu ihr gezogen. Ich war platt. Dann habe er sich gelangweilt und sich erinnert, wie interessant das Zusammensein mit mir gewesen sei. Ich fühlte mich geschmeichelt. Vergeblich wartete ich auf die Antwort des wahnsinnig sensiblen Universitätsprofessors. Wahrscheinlich hatte mich die Bildzuschrift aus dem Rennen geworfen.

ZWEITER TEIL

1. Kapitel

Der Frühling kündigte sich an. Ich saß am frühen Vormittag im Artur, mein Tisch voll mit Zeitungen, Büchern und Schreibzeug. Den Rücken an die Wand, Füße an die Front, als ich einen Mann bemerkte, den ich noch nie hier gesehen hatte. Er saß auf einem Barhocker, las die Tageszeitung und sah mich kurz an. Unsere Blicke begegneten sich. Schnell sah ich wieder in mein Buch und wagte nicht hoch zu schauen. Ich war verunsichert und erstaunt über meine Reaktion auf einen gewöhnlichen älteren Mann. Als er die Kellnerin rief, zog er ein dickes Bündel Geldscheine aus der Hosentasche. Er hielt es in der Hand, betrachtete es kurz und selbstvergessen und zog einen Hundertmarkschein aus der Mitte. Seine Rechnung belief sich auf sieben Mark fünfzig. Das Bündel, das er mit seiner Hand kaum umschließen konnte, war einmal zusammengefaltet. Die Hunderter in der Mitte eingerahmt von Zweihundertern, die wiederum von Fünfhunderten umhüllt waren. Ein schrecklicher Anblick für arme Leute. Ich wendete meinen Blick ab, als hätte der Mann gerade die Hosen runter gelassen und schaute desinteressiert in die Gegend.
„Karl", rief die Wirtin vom Tresen „kannst du die Nummer mal lassen?"
„Welche Nummer?" fragte er ohne aufzusehen und steckte das Geldbündel in die Hose zurück. Nun sahen auch andere Gäste hin.

„Die Nummer mit dem Geld“, sagte sie, „du mußt hier nicht immer mit deinem Geld angeben.“
„Wie bitte?“ sagte er laut und drehte ihr sein Gesicht zu. „Ich gebe an?“
„Ja. Und es geht mir langsam auf die Nerven.“
„Hör’ mal“, tönte er, „Geld ist einfach nur bedruckte Scheiße.“
„Ja, ja.“ Die Kneiperin gab ihm das Wechselgeld in die Hand und wandte sich zum Gehen.
Der Mann namens Karl stopfte sich die Scheine in die Brusttasche seines Hemdes. Ein wunderschönes graues Hemd aus feinem Kord. Dazu seine gebräunte Haut. Ich war froh, als er endlich das Café verließ.
Zwei Tage später sah ich ihn wieder. Es war Nachmittag. Ich erkannte ihn erst, als er zu mir an den Platz kam.
Er hielt ein volles Wodkaglas in der Hand, zog einen Stuhl vom Nebentisch heran, obwohl zwei Stühle bei mir frei waren, und ließ sich nieder.
„Hör’ mal“, rief er, „neunzehnhundertzweiundfünfzig war ich das erste Mal in eurer Republik, neunzehnhundertzweiundfünfzig!“
Stumm blickte ich ihn an.
„Kannst du dir das vorstellen?“
„Das interessiert mich nicht“, sagte ich.
„Das ist aber interessant.“
Er trank seine hundert Gramm Wodka mit einem Zug. Er konzentrierte sich.
„Hör’ mal“, begann er von Neuem. „Ich war Kommunist, ich war in der DKP.“
Ich stöhnte und sah ihm in die Augen.
„Wie bitte?“
Ich legte den Stift weg und klappte das Notizbuch zu. Ich verzog keine Miene und sah ihn noch immer an. Plötzlich bekam ich einen Lachanfall. Als ich mich zurücklehnte, wußte er, dass er es geschafft hatte.
„Trinkst du einen Wodka mit mir?“ fragte er.
„Ja.“ Ich nickte.
„Noch einen Wodka“, rief er und redete in der gleichen Tonstärke weiter.
„Hör’ mal. Neunzehnhundertzweiundfünfzig war ich in Leipzig, da hat die Mutter von Erich Kästner gewohnt“, sagte er.

Ich hatte schon lange keinen Wodka mehr getrunken.
„Hör' mal. Ich bin ein Tier, mit mir ist nicht zu spaßen. Ich sehe vielleicht mit meinen Zimmermannshosen nicht nach Geld aus. Aber das täuscht."
Er sprang auf und klopfte mit beiden Händen auf seine Oberschenkel – kräftige Hände – und setzte sich wieder.
„Ich bin keiner von diesen Heinis mit Anzug und Schlips, hab' ich nicht nötig. Ich fahre einen Daimler-Benz und trage Zimmermannshosen, damit kommen die alle nicht klar."
„Sicher." Ich nickte ein paarmal hintereinander mit dem Kopf. Ich wagte nicht zu fragen, was ein Daimler Benz ist, ein Mercedes?
Innerhalb einer Stunde oder vielleicht waren es zwei, erfuhr ich das Wesentliche über ihn.
Er war 56 Jahre alt, Bauunternehmer, zuletzt sieben Jahre mit einer jungen Frau zusammen. Er wolle jetzt keine Beziehung mehr eingehen. Er habe eine Tochter und drei Söhne. Und bis auf den einen, das Sorgenkind, seien alle erwachsen.
Über mich wollte er nichts wissen. Schade, denn ich fand mein Leben interessanter als seines. Während ich dasaß und zuhörte, grübelte ich, ob er für mich in frage käme.
„Steh' mal auf", bat ich ihn, „ich will deine Figur sehen."
Er gehorchte umgehend, sprang auf und zog seinen dicken Schafwollpullover aus der Hose, so daß ich seinen braunen flachen Bauch sehen konnte.
„In Ordnung", sagte ich.
Er bestellte eine weitere Runde Wodka. Er redete und redete. Der Nachmittag ging vorüber. Ich war benebelt, und die Wirklichkeit verzerrte sich. Aber wenn alles stimmte, was der Mann mir erzählte, saß vor mir mein Traum – ein reicher, potenter Kerl, der ein Haus in Frankreich besaß, einen neuen Mercedes fuhr und eine Frau suchte, mit der er keine Beziehung haben wollte. Ich fand, das war genau ich.
Karl sah auf seine Armbanduhr. Er wartete auf jemanden.
„Morgen gebe ich ein Fest in der Villa", sagte er unvermittelt, „du bist eingeladen."
„Ich komme", sagte ich.
„Wirklich?"
„Wieso nicht?"

„Du wirst staunen, wir haben eine super Jugendstilvilla renoviert, aber ihr Potsdamer seid alle so komisch, so kontaktscheu, mißtrauisch irgendwie."
„Na so was. Warum eigentlich?" sagte ich.
Ein großer junger Mann betrat das Café, nickte mir kurz zu und stellte sich, zwei gefüllte Plastetüten in den Händen, neben unseren Tisch. Ich konnte sehen, daß ihm die Situation vertraut war. Er stand nur da und wartete. Karl war stockbetrunken.
„Setz' dich", sagte er, „komm', setz' dich hin, wir fahren gleich los."
Der junge Mann setzte sich auf einen Stuhl am Nebentisch, stellte sein Gepäck ab und griff in eine der Tüten, um eine Banane zu essen. Er schien ein Einheimischer zu sein, eine Art Kuli für den Bauunternehmer, einer, der sich kaufen ließ. Ich verachtete ihn augenblicklich, denn so etwas würde ich nie tun. Später stellte sich jedoch heraus, daß er Kunst in Berlin studierte, aus Düsseldorf war, ein Bekannter von Karl, der ebenfalls ein Zimmer in besagter Villa bewohnte.
„Zahlen", rief Karl laut und holte das Geldbündel aus seiner Hosentasche.
„Hör' mal", wendete er sich plötzlich wieder an mich, „warum schminkst du dich, hör' auf damit, das ist doch entsetzlich."
Es war die erste Äußerung, die meine Person betraf. Ich lächelte und schüttelte den Kopf. Ich war normal geschminkt, also sparsam.
„Glaub' mir, ohne Schminke bist du viel hübscher, hör' auf damit."
„Wenn du aufhörst, Wodka zu trinken."
„Abgemacht." Karl reichte mir die Hand über den Tisch. „Ich trinke keinen Wodka, du schminkst dich nicht." Er bezahlte, stand auf, leicht schwankend, tippte mir an die Schulter. „Morgen zwanzig Uhr in der Villa. Sei bitte pünktlich, ich gebe ein Essen."
Ich blieb sitzen und bestellte mir Mineralwasser, um klar im Kopf zu werden.
Toni sagte nie etwas über mein Äußeres. Geschminkt oder ungeschminkt, Rock oder Hose. Er sah drüber hinweg. Das hatte mich schon immer gestört.
Am nächsten Tag besuchte ich Loretta. Unser Verhältnis war noch immer distanziert, aber wenigstens mied ich nicht mehr ihre Gegenwart. Ich kannte ihren Tagesrhythmus genau und erwartete, daß er so geblieben war. Um acht stand sie auf, frühstückte ausgiebig mit Mann und Kind. Um neun stand sie in der Werkstatt, und um zwölf Uhr kochte sie Mittag; sie oder der Mann. Es war die günstigste Zeit

für einen Besuch. Man konnte in der Küche sitzen, ein Glas Rotwein trinken, zuschauen und schwatzen. Sie nahm niemals Fertiggerichte, sondern bereitete alles selbst, putzte die Möhren, schälte die Kartoffeln, briet das Fleisch. Ich hatte dringend das Bedürfnis, ihr von meiner Eroberung zu berichten und um Rat zu fragen.

Es geschah wie vorausgesehen. Das Essen war fertig. Spätzle mit Gulasch. Ich bekam ein Glas Rotwein und eine Einladung zum Essen.

„Ich bin zu aufgeregt, um etwas zu essen", sagte ich. „Ich muß euch was erzählen, und ich will dich überreden, heute abend mitzukommen", wandte ich mich direkt an Loretta.

Sie hatte von Karl gehört. Er kursierte in der Stadt als reicher Wessi, der die Potsdamer Künstler kennenlernen wollte und jeden, einfach jeden, der ihm in die Quere kam, für das Essen am Abend eingeladen hatte.

„Ach." Ich blickte sie einen Moment ratlos an.

„Der Mann ist irgendwie völlig bekloppt", sagte ich geistesgegenwärtig. „Aber eins hat mich stutzig gemacht." Ich legte eine Kunstpause ein und sah sie bedeutungsvoll an. „Du weißt doch, daß ich später am Atlantik leben werde." Meine Freundin nickte, obwohl ich ihr das nie so eindeutig gesagt hatte. „Und nun erzählt mir der Kerl, daß er da ein Haus hat, und es ist genau die Gegend, wo ich hin will. Ist das nicht merkwürdig?"

„Ein Zeichen", sagte meine Freundin.

„Genau. Ich muß also heute abend hingehen, um herauszubekommen, was das zu bedeuten hat."

„Du brauchst dich nicht zu rechtfertigen", sagte sie lächelnd. „Aber ich glaube, *ich* werde da nicht hingehen, der Kerl ist ein Hochstapler."

„Vielleicht", räumte ich ein. „Vielleicht auch nicht."

Loretta aß mit Appetit.

„Ich weiß allerdings nicht mehr, warum du später am Atlantik leben willst", sagte sie.

„Das war auch ein Zeichen", sagte ich, „als ich das erste Mal dort war, habe ich eine Frau getroffen, die in Halle geboren ist, genau wie ich."

„Ach so."

„Und wie du."

Loretta nickte irritiert.

„Marie. Sie hat ein Restaurant auf der Ile de Ré."

„Und da willst du hin."
„Da will ich hin."
Loretta nickte wieder ein paarmal mit dem Kopf.
„Ich träume jede Nacht vom Atlantik."
„Dann geh mal da hin, heute abend", sagte sie.
„Worauf du wetten kannst."
Pünktlich zwanzig Uhr stand ich in der Jugendstil-Villa auf einem wunderschönen Parkett, im Arm ein Gastgeschenk. Ein Buch mit Kurzgeschichten. Von mir selbst geschrieben. Karl saß im Büro mit einer Hälfte seines Hinterns auf dem Schreibtisch und unterhielt sich mit einem Mann, der in der gleichen Weise auf dem anderen Schreibtisch saß. Sie begrüßten mich beiläufig. Das Buch legte der Bauunternehmer sofort neben sich auf die Tischplatte, ohne es weiter zu beachten.
Von einem Essen keine Spur.
Tapfer setzte ich mich in einen Drehsessel und dachte darüber nach, wie dumm und blöd ich wieder war. Aber das Haus in Frankreich, oder sonst etwas Geheimnisvolles ließ mich an Ort und Stelle verharren. Essen oder nicht. Ich wollte bleiben. Alle Flügeltüren standen weit offen, das gefiel mir. Karl forderte mich auf, das Haus zu besichtigen. Ich gehorchte und wandelte durch Räume und Flure. Holzvertäfelte Wände, ein Mosaikfußboden, bleiverglaste Fenster. Im Keller befanden sich die Küche und eine hauseigene Kneipe mit Zapfanlage und Fernsehgerät. Ausländisch anmutende Männer saßen da, tranken Bier und blickten auf den Fernseher.
Ich sagte „Guten Abend", und sie nickten mir verlegen lächelnd zu. Es waren Russen oder Polen. Eher Polen.
Einige Stunden später hatten sich tatsächlich Potsdamer eingefunden. Als sie eingetroffen waren, hatte ich umgehend die Rolle der Gastgeberin übernommen, Gläser besorgt, Weinflaschen entkorkt, aber den wunden Punkt nicht berührt, den Grund, weshalb alle hier waren. Das Essen. Neun Leute saßen auf Stühlen und Hockern in der Küche. Einen Tisch gab es nicht. Sie hielten Bier oder Wein in der Hand, bemühten sich um Konversation und alle wußten: Wir sind hier im falschen Film.
Karl war die meiste Zeit abwesend. Er instruierte seine Mitarbeiter im Fernsehraum und telefonierte. Erst gegen Mitternacht trollte er sich in die Küche, öffnete eine Flasche Bier, war betrunken und hievte – ganz unerwartet für uns alle – aus dem Kühlschrank einen

riesigen Fisch, den er mit Salz bestrich, in Aluminiumfolie wickelte und in der Backröhre versenkte.
Anfangs hatte ich noch befürchtet, daß Konkurrenz von anderen Frauen zu erwarten sei, aber die Anwesenden, auch die Männer, blickten Karl ablehnend, naserümpfend und skeptisch an.
Am nächsten Morgen lag ich in seinem Bett. Nachdem er beiläufig erwähnt hatte, daß ich hier übernachten könne, war ich irgendwann einfach schlafen gegangen, mitten in der Nacht aufgewacht, als er sich zu mir legte, wieder eingeschlafen und am Morgen aufgewacht, als er mich anfaßte und mit mir schlief.
Es war ein großes Bett, ein großes Zimmer, in einem großen Haus. Es war, wie ich inzwischen wußte, das ehemalige Gästehaus des Ministeriums von Margot Honecker. Oder eines ihrer Gästehäuser. Die Zimmer trugen die Namen 'Sanssouci', 'Brandenburg' und 'Cecilienhof' noch aus dieser Zeit, waren aber neu eingerichtet nach westlichem Standard. Helle Farben, ein großer weißer Schreibtisch, weiße Vorhänge, neutrales Klima. Elektrische Heizung. Ein weißer Kachelofen stand ungenutzt in einer Ecke.
Es war Sonntag. Karl wollte sich anziehen und unten in der Küche ein Frühstück bereiten. Er kramte im Wäscheschrank.
„Hier", sagte er und warf mir eine von seinen frischen weißen Unterhosen zu. „Zieh die an."
Ich betrachtete das Stück, das vor mir auf der Decke lag. Noch nie hatte mir ein Mann seine Unterhosen angeboten.
Wenigstens zog ich sie nicht sofort an. Ich wollte auch noch gar nicht aufstehen. Ich blieb im Bett, während er zwei Etagen tiefer in der Küche wirtschaftete.
Dann brüllte er wie ein liebeskrankes Tier durch das ganze Treppenhaus nach mir, so daß ich mit aufgerissenen Augen senkrecht im Bett saß und glücklich war.
Nach dem Frühstück gingen wir wieder ins Bett. Karl stopfte sich alle Kissen hinter den Rücken, setzte die Brille auf und versorgte sich mit einer Zeitung.
„Das mache ich jeden Sonntag", verkündete er. Er drehte mir das Gesicht zu und sah mich über den Rand der Brille an.
Ich zerrte ein Kissen wieder hinter seinem Rücken hervor und nahm auch eine Zeitung zu mir. Bevor ich zu lesen anfing, betrachtete ich meinen neuen Freund aufmerksam und voller Zuneigung. Seine Augen waren schwarz und blitzten, wenn er mich für einen Moment

ansah. Triumphierend dachte ich an Toni. Nun konnte ich endlich mit unserer platonischen Beziehung einverstanden sein. Eine wunderbare Zeit stand mir bevor. Ich hatte Lust, ihn anzurufen.
„Darf ich mal telefonieren?“ fragte ich.
„Darf ich mal telefonieren?“ äffte Karl mich nach. „Hör' mal, da unten ist ein Telefon, mach' nicht solche Umstände, es liegt auf meinem Schreibtisch, bring' es mit hoch, dann kann ich auch gleich ein paar Anrufe machen.“
Ich sprang aus dem Bett. „Zieh' dir bitte was an“, sagte er. Ich nahm seinen Pullover von der Stuhllehne, der so lang war, daß er mir bis zu den Knien reichte. Nicht nur das Zimmer, auch seine Sachen zeigten einen ausgesuchten Geschmack. Der Pullover war taubenblau und hatte eine Kapuze. Das Zimmer und das gesamte Treppenhaus waren mit dickem Teppichboden ausgelegt. Auch hier fand sich das Blau wieder, ein helles samtig leuchtendes Blau. Ich lief barfuß die Treppen hinunter. Die hohen Glastüren standen noch immer offen, und ich fand das Telefon sofort, wunderte mich aber, daß es plötzlich an einer Schnur befestigt war. Ich wußte doch genau, daß dasselbe Telefon gestern abend im Fernsehraum auf dem Tisch gelegen hatte, mit Tastatur, ohne Schnur. Wieso hatte es jetzt eine Schnur? Vermutlich war es ein anderes. Aber wie konnte ich dieses Telefon mit nach oben nehmen? Ich untersuchte die Angelegenheit gründlich. Ich nahm den Apparat hoch und sah, daß die Leitung an der Unterseite eingestöpselt und nur schwer zu entfernen war. Aha. Mit Daumen und Zeigefinger ruckte ich kräftig am Kabel, bis es sich löste. Bißchen merkwürdig, fand ich. Ich nahm den Apparat und trug ihn nach oben. Karl blickte zu mir, dann auf das Telefon.
„Was ist das denn?“ fragte er. „Das darf doch nicht wahr sein“, schrie er plötzlich übermäßig laut und sprang aus dem Bett. „Was hast du denn gemacht?“
Zu Tode erschrocken blickte ich auf das schwarze Ding in meiner Hand. Karl beruhigte sich jedoch sofort wieder, schüttelte den Kopf und kroch zurück unter seine Bettdecke.
„Du bist erst mal bescheuert“, sagte er. Ich fand noch keine Erklärung, obwohl ich spürte, daß etwas ganz und gar falsch war. „Hier.“ Er gab mir den Hörer in die Hand, auf dessen Innenseite ich die Tastatur entdeckte. „Ach so“, sagte ich, „so war das.“
„Ja, so war das“, bemerkte Karl abfällig.

„Das ist alles neu für mich, diese tausend Telefonsorten. Ich kenne nur Telefone mit Drehscheibe."
Karl schüttelte noch einmal sein Haupt. „Montiert die den ganzen Apparat ab, nur um zu telefonieren."
Mein Humor kehrte zurück, und ich fing laut an zu lachen. Ich wählte Tonis Nummer. Er meldete sich nicht.
„Tasten drücken kann sie aber", murmelte Karl, worauf ich ihm einen Seitenblick zuwarf.
Karl nahm mir den Hörer aus der Hand. Er telefonierte eine Runde Geschäftliches. Und ich legte mir unterdessen eine Rede zurecht, weil ich dem Mann aus dem Westen erklären wollte, welchen technischen Standard die DDR hatte, bevor er und die anderen hierher kamen. Aber das interessierte ihn nicht.
Am Abend war ich immer noch in der Villa.
Karl war also Bauunternehmer. Er bewegte hier etwas. Ja klar, deshalb war er extra hergekommen. Uns zuliebe, um uns zu helfen. Sein Freund Peter Fischer habe ihn gerufen. Gleichfalls aus Düsseldorf, sei der bereits seit zwei Jahren im Osten, kaufe Immobilien und wolle nun neue Häuser bauen. Karl war seit drei Monaten in Potsdam und regelmäßig im Artur, aber meistens nur kurz am Vormittag. Deshalb hatte ich ihn nie gesehen. Er machte wiederholt klar, daß sie nicht zu der Sorte gehörten, die Leute aus ihren Wohnungen warfen: „Wir bauen neu, draußen im Umland. Einfamilienhäuser."
„Das ist schon in Ordnung", versuchte ich ihn zu beruhigen.
Das Bier war alle, Zigaretten auch. Karl rief ein Taxi. Der Fahrer sollte die Sachen besorgen und in die Villa bringen. Es gab eine längere Diskussion am Telefon. „Wie, das geht nicht?" fragte Karl in den Hörer. „Dann soll er eben herkommen und sich das Geld vorher holen." Karl horchte in den Hörer. „Hört mal, Leute, macht doch nicht solche Umstände." Nach dem Telefonat sah er mich an und schüttelte den Kopf. „Wo bin ich denn hier?"
Ich grinste. Als das Taxi kam, hatte Karl bereits beschlossen, daß wir in die Stadt fahren wollten. Karl öffnete die Beifahrertür und begrüßte den Mann. „Guten Tag, ich heiße Karl Roth."
„Macht nichts", erwiderte der Taxifahrer.
Und während Karl das Bier in den Keller zu seinen fernsehenden polnischen Mitarbeitern brachte, stieg ich ins Taxi und teilte die Adresse mit. Am Ziel angekommen, zog Karl wieder das Geldbündel aus der Hosentasche, aber der Fahrer blickte gelassen auf den ganzen

Reichtum. Und ich hatte zum ersten Mal zu kämpfen mit dem absurden Gefühl, einen Mann zu lieben und gleichzeitig peinlich davon berührt zu sein, daß ich ihn liebte. Ich wollte mich aber nicht rechtfertigen. Als wir in die Kneipe einzogen, stellte ich ihn schließlich zur Rede.

„Verstehst du das eigentlich nicht?“ fragte ich. „Verstehst du nicht, wie ätzend das ist, was du da immer abziehst?“

„Nein“, sagte Karl trocken, „das verstehe ich nicht.“

Verstand er es wirklich nicht? Log er absichtlich? War er krank? War es überhaupt sein Geld ?

2. Kapitel

Ich konnte kaum erwarten, Toni von meiner Eroberung zu berichten. Ich besuchte ihn in seinem Büro. Er war wenig beeindruckt. Im Gegenteil. „Die Männer aus dem Westen interessiert nur Geld und Erfolg“, sagte er. „die interessiert nichts anderes.“

„Das ist genau das, was mich auch interessiert“, antwortete ich.

Ich packte ein paar Sachen und die Schreibmaschine, und wohnte nun in der Villa.

„Wem gehört eigentlich das Haus?“ fragte ich beim nächsten Frühstück.

„Bis vor kurzem hat es eurer Regierung gehört.“ Karl lachte, wie er es immer tat, wenn es sich um das Thema DDR handelte. „Die Zeiten sind vorbei.“

„Ich weiß“, sagte ich, „und wem gehört es jetzt?“

„Davor hat es einem Offizier gehört, der am Attentat gegen Hitler beteiligt war.“

„Und jetzt?“

Karl stand auf. Er goß sich und mir Kaffee nach.

„Wem gehört die Villa? Dir?“

Karl wich der Frage aus.

„Willst du es nicht sagen?“ bohrte ich.

„Wir haben hier eine halbe Million reingesteckt, um es zu sanieren“, sagte er.

Ich nickte. Es war nicht die Antwort auf meine Frage, und ich verschob des Rätsels Lösung auf später.

Jeden Morgen beschäftigte sich Karl gedanklich mit seiner Baustelle. Ich staunte, wie leicht es mir fiel, um sieben mit ihm aufzustehen. Wir frühstückten zusammen, und jedes Mal bat er mich, ihn auf die Baustelle zu begleiten. Manchmal tat ich es, manchmal ging ich in die Stadt. Ich hatte es gern, wenn mir Bekannte entgegenkamen, so früh am Morgen und mich erstaunt grüßten.

Nachmittags trafen wir uns im Artur. Karl hatte die Angewohnheit, mir Geld vor den Augen der anderen zuzustecken. Er nahm etwa dreihundert Mark aus seinem Geldbündel, reichte sie mir mit verdrehter Hand, als wolle er es im Grunde heimlich tun, und forderte mich auf, die Scheine gleich wegzustecken. Ich fühlte mich miserabel. Karl wußte, daß ich auf dem Klo das Geld nachzählte, denn erst wenn ich zurückkehrte fragte er: „Kommst du damit aus?“

Ich nickte und wußte, die Demütigung war der Preis.
Allerdings führte der allnächtliche Liebesakt zu großer Schreiblust.
Eines Morgens im März ging ich das erste Mal zu Kolmar in die Redaktion. Ich wollte offiziell um einen Auftrag bitten.
„Du kannst mir bei einer Obdachlosenreportage helfen", sagte ein junger Mann über seinen Schreibtisch hinweg.
„Mach' ich gern", sagte ich erstaunt, verheimlichte aber, daß ich selbst an einer solchen Reportage schrieb.
„Ich brauche jemanden, der ins Obdachlosenheim fährt", sagte er, „und mir die Heimordnung besorgt und ein paar Informationen: Wieviel Plätze; ist es ausgelastet. Und so weiter. Und dann könntest du noch in die Suppenküche gehen. Und das alles bis spätestens übermorgen."
Am selben Tag fuhr ich zur angegebenen Adresse in das Neubaugebiet. Ich fürchtete mich vor dem Asyl. Ich stellte mir einen großen Saal vor, mit vielen Betten. Ich muß nur mutig durch die Tür gehen, dachte ich. Aber die Adresse war falsch. Ein Pförtner sagte mir, das Heim sei auf's Land verlegt worden. Diese Mitteilung entmutigte mich. Ich verschob den Besuch um einen Tag.
Ich rief Toni an. Er rümpfte die Nase, als er das Wort Obdachlosenheim hörte. Trotzdem war er bereit, mich mit dem Auto hinzubringen.
Hinter der Stadt begannen die Felder und wir bogen in eine Allee ein. Kahle Bäume, nasser Asphalt, Lerchensteig. „Hier muß es irgendwo sein", sagte ich.
Die ersten Gebäude nach braunen Feldern und verfilzten Wiesen waren eingezäunt. Auf einem großen Schild eine Schrift: AKTENLAGER. Danach wieder Felder, dann ein See, Ende.
Wir kehrten um. Als wir das Aktenlager erreichten, bat ich Toni anzuhalten. Ich erkundigte mich am Pförtnerhäuschen nach dem Obdachlosenheim. „Das ist hier", sagte der uniformierte Pförtner.
„Hier?"
Der hohe Maschendrahtzaun erweckte den Eindruck, als sei dahinter ein Gefängnis. Es gab eine Bushaltestelle direkt vor dem Eingang. Ich sagte Toni, ich wolle mit dem Bus zurückfahren, denn er hatte Eile. Zum Pförtner sagte ich, daß ich obdachlos sei und mich hier anmelden wolle. Er nahm mir den Personalausweis ab und zeigte mir den Weg zur Sozialarbeiterin. Auf dem Gelände standen flache Steinbaracken. Dazwischen Wege, Bäume und Wiesen. Kinder spielten

draußen. Ein Mann reparierte ein Fahrrad. Jugendliche umringten ihn.

Die Sozialarbeiterin war ein Typ wie meine Mutter. Ein bißchen korpulent, selbstbewußt im Beruf und zugleich eine gute Hausfrau. Sie saß bei offener Tür und unterhielt sich englisch mit einer anderen Frau. Sie bot mir einen Platz an, bat mich um einen Augenblick Geduld und sprach wieder englisch mit der anderen. Ich hörte mit einem gleichbleibenden Lächeln der Unterhaltung zu. Später erklärte sie mir, daß sie ihre Englischkenntnisse ein wenig auffrischen wolle.

Die andere Frau war eine Ausländerin. Ein Mann kam und machte sich am Telefon zu schaffen.

„So“, sagte er, „fertig”. Jetzt können die Asylanten nur noch Polizei, Feuerwehr und Rettungsdienst anrufen.“

„Sehr gut“, sagte die Sozialarbeiterin.

Der Telefonmann verschwand. „Was hat der denn gemacht?“ fragte ich.

„Er hat das Telefon programmiert, in den letzten zwei Wochen hatten wir eine Telefonrechnung von mehr als tausend Mark, die telefonieren nach sonstwohin.“

Dann wollte ich wissen, warum das Heim wie ein Gefängnis gesichert sei und erfuhr, daß auf dem Gelände ein neues Ausländerheim gebaut worden sei und hier Ausländer und Obdachlose zusammen wohnten. Ich sagte ihr, daß ich mich obdachlos melden wolle.

„Ach, da kommt der Herr Wildenhain“, sagte die Sozialarbeiterin, „bei dem sind Sie richtig, gehen sie mal zu dem mit ins Büro.“

„Meinen Koffer habe ich noch nicht mitgebracht“, sagte ich.

„Das ist gut“, erwiderte er, „Sie müssen sich nämlich zunächst beim Sozialamt melden, nächsten Dienstag, bei dem Herrn Hagedorn, dort füllen Sie einen Antrag aus und dann kommen Sie hierher.“

„Kann ich von Ihnen die Hausordnung bekommen?“

„Die bekommen Sie, wenn Sie hier sind.“

„Schade.“

Ein junger Mann kam herein, in großer Eile, schwarze lange Locken, Muskeln bis zum Hals. Er ging zum Telefon und verkündete nebenher, daß im Templiner Strandbad ein Mann aufgegriffen wurde. Selbstmordversuch. „Den bringen die gleich hierher“, sagte er.

„Hoffentlich ist das ein Potsdamer“, sagte Wildenhain. Der Muskelmann telefonierte.

„Das ist übrigens Herr Hagedorn. Zu dem gehen Sie am Dienstag“, sagte Wildenhain zu mir.
Ich fuhr in die Stadt. Ich war guter Dinge und ging gleich in die Suppenküche. Am Abend setzte ich mich ins Café und schrieb wie im Fieber meine Erlebnisse ins Notizbuch. Ich war begeistert. In der Redaktion sagte ich am nächsten Tag, ich wolle die Reportage allein schreiben. Der junge Mann stutzte, verzog den Mund und nach einigen Sekunden Bedenkzeit nickte er. „Wir brauchen drei Teile“, sagte er, „das Heim, die Suppenküche und einen Obdachlosen in einem besetzten Haus oder etwas in der Art.“
Am folgenden Morgen lief ich um neun in die Stadt. Ich fühlte mich nahezu werktätig. Den ersten Teil der Reportage wollte ich ins Unreine schreiben und mir gegen Mittag einen alleinstehenden Obdachlosen suchen. Die Heimordnung bekam ich durch einen Tip von einem jungen Mädchen, einer ehemaligen Obdachlosen, die in einem Musikladen arbeitete und mir die Heimordnung nur ungern zum kopieren lieh. Auf meine Frage äußerte sie mit gequälter Miene, es sei eine schlimme Zeit gewesen, fast wie im Gefängnis. Ich war gespannt auf die Hausordnung. Mein Café öffnete erst um elf. Auf der Brandenburger Straße fand ich ein geöffnetes Eck-Café mit DDR-Ambiente: Synthetische Gardinen, Stuhlbezüge in gelbbraunen Farben. Ideale Bedingungen zum Schreiben. Ich war der erste Gast. Statt sie zu kopieren, wollte ich das Geheimpapier abschreiben, das als „Nutzungsvereinbarung“ überschrieben war. Auf diese Art wußte ich am besten, was drin stand.
Es war vieles nicht gestattet, zum Beispiel: sich mit Schuhen auf oder in das Bett zu legen. Das Einbringen sowie der Genuß von Alkohol und Drogen, sowie das Mitbringen von Waffen war in allen Räumen der Einrichtung verboten. Politische Äußerungen und Handlungen waren zur Sicherstellung des Heimfriedens mit der gebotenen Zurückhaltung zu betreiben. Das Verteilen von Flugblättern jeder Art war verboten. Die vom Sozialamt beauftragten Personen konnten jederzeit Raumkontrollen durchführen.
Während ich schrieb, bemerkte ich im Augenwinkel jemanden auf mich zusteuern. Es war Willi. Ich hatte ihn jahrelang nicht gesehen und kannte ihn ohnehin nur flüchtig. Hocherfreut und lautstark begrüßte er mich.
„Tut mir leid“, sagte ich eisern, „ich muß jetzt sofort eine Obdachlosenreportage schreiben, hab’ keine Zeit für dich.“

Willi setzte sich: „Ich bin doch obdachlos, schreib' über mich."
„Du bist obdachlos?" staunte ich, „wunderbar, setz' dich."
Ich schob die Hausordnung in das Notizbuch und klappte es zu.
„Zwei Kaffee, zwei Weinbrand", rief Willi zum Tresen.
„Bist du wahnsinnig", sagte ich, „morgens um neun Schnaps?"
„Wenn du nicht willst, trink' ich beide."
„Nee laß' mal, ich trink' einen mit."
„Erzähl' mir deine Geschichte", sagte ich, „von der Wende bis jetzt."
Alles, was ich über Willi wußte: Er trank viel, war zwischen vierzig und fünfzig, hatte bei der DEFA als Grafiker gearbeitet.
Ich schlug das Notizbuch wieder auf.
Willi erzählte und ich schrieb wörtlich alles mit. Seit einem halben Jahr wohnte er wieder bei seiner Mutter, jedenfalls hatte er da ein Bett und jede Menge Streit. Sein Selbstmordversuch am Strand von Templin war gescheitert. „Was ist denn das für ein Strand?" sagte ich. „Gestern hat dort auch einer versucht sich umzubringen."
„Nicht direkt am Strand, da ist ein Waldstück mit kleinen Laubbäumen und starken Ästen, die niedrig und hoch genug sind, daß man sich daran aufhängen kann. Bloß ich war leider zu besoffen. Ich hatte mir die Wäscheleine um den Hals gelegt und mich auf einen Ast gehockt und wollte nach vorn runterfallen, damit das Genick bricht, bin aber nach hinten gefallen und am Leben geblieben, und da hing ich so rum und dachte, hier stundenlang elendig verrecken will ich nicht, das ist unwürdig, außerdem war ich schlagartig nüchtern und dann hab' ich mich befreit und vom Forsthaus Templin aus meine Mutter angerufen."
„Und warum wolltest du dich umbringen?"
Ich schrieb alles in mein Notizbuch, blickte hoch zu ihm und wieder runter, und schrieb und schrieb. Inzwischen waren wir beim dritten Weinbrand. Willi erzählte die ganze Geschichte, Frau weggelaufen, Firma gegründet und pleite gegangen, Schnaps gesoffen, Wohnung verkauft, weiter gesoffen, in den Wald gegangen, und jetzt wisse er, umbringen könne er sich jederzeit, er habe keine Angst mehr.
„Ich komm' mit diesen neuen Bedingungen nicht klar, ich bin sechsundvierzig Jahre alt, ich will mich nicht mehr ändern", sagte er, „verstehst du, ich war Filmgrafiker bei der DEFA, ich war jemand, ich habe neulich für ein Theaterstück das Plakat gemacht, ich habe gehofft, daß ich mich selbständig machen kann, aber das sind alles selbst arme Schweine, die haben alle kein Geld."

Willi sah mir in die Augen. Ich nickte.
„Ich versuche meiner Mutter klarzumachen, daß ich ein Künstler bin, sie meint, ich soll etwas anderes machen, eine Umschulung, auf dem Bau arbeiten. Ich will mich nicht mehr umbauen, ich habe mit bekannten Regisseuren zusammengearbeitet, ich bin kein Andy Warhol, hab' ich zu meiner Mutter gesagt, aber ich bin jemand."
Ich nickte.
Willi zahlte die Rechnung.
Wir vereinbarten eine Namensänderung und ich sagte, daß ich seinen Bericht original in meine Reportage einbauen würde, und falls ich Honorar bekommen sollte, wollten wir das nächste Mal auf meine Kosten saufen. Schwer benebelt verließ ich das Café und wechselte ins Artur.
An der frischen Luft auf dem Weg zur Suppenküche erholte ich mich. Dort wollte ich Mittagessen. Eine Mahlzeit im „Restaurant mit Herz", so nannte sich die Einrichtung. Leichter Nieselregen setzte ein, als ich in die Jägerallee einbog. Die Suppenküche der Arbeiterwohlfahrt war erst vor kurzem in einer ehemaligen Parterre Wohnung eröffnet worden. Im Flur las ich die Preisliste. Jeder Gast war willkommen geheißen.
Essen 1,50 DM
Kaffee/ Tee 0,50 DM.
Schon plante ich, jeden Tag hier zu speisen.
In der Küche an der Essenausgabe stellte ich mich als Autorin des Stadtmagazins vor und bestellte mir das Tagesgericht.
„Kartoffeln sind alle", sagte die Chefin. „Wir machen Ihnen was anderes."
Ich nahm die Tasse Kaffee und ging in das Speisezimmer. Ein Fernseher sendete RTL. Ich setzte mich an einen langen Tisch mit vier Männern, bärtig, tätowiert, gezeichnet von Alkohol und Leben auf der Straße, echte Berber.
„Morjen", sagte einer nach dem andern, sichtlich erfreut über die Abwechslung.
„Morjen", sagte ich.
„Morjen", wiederholte einer von ihnen.
„Morjen", sagte ich.
„Morjen", noch einmal einer.
„Gibt's noch was anderes, worüber wir reden könnten?" sagte ich.

Der eine Witzbold legte mir zwei Skatkarten vor die Nase. „Was ist das?"
„Siebzehn und vier", sagte ich.
Die Chefin brachte einen Teller mit einer gemischten kalten Platte, Brot, Schinken, Ei, Schmelzkäse, Bohnensalat und eine Birne.
„Der Einsatz sind Zuckertütchen und Kaffeesahnedöschen", sagte der Bärtige.
„Einverstanden." Ich aß und spielte mit ihm. Ich gewann und setzte in der zweiten Runde alles. Zwei Zucker, zwei Sahne.
„Was gab es heute zum Mittag?" fragte ich.
„Verlorene Eier und Quetschkartoffeln, war Spitze."
„Oh", stöhnte ich genüßlich.
„Sonntag gibt's Rinderbraten. Das Essen ist Eins-A-Klasse hier."
Zum Abschied verabredete ich mich mit den Männern zum Mittag. Ich wußte, daß ich sie versetzen würde. Solche Verabredungen traf ich, um einen leichten Abgang zu haben.
„Wer hat noch keine Karte fürs Kabarett?" fragte die Chefin in den Raum.
„Ich", rief einer, „und die Lady hier."
Ich fühlte mich geehrt und winkte zum Abschied allen zu.
Pünktlich lieferte ich den Text ab. Ich wußte, daß die Reportage gut war. Sie wurde gedruckt. Der Geschäftsführer, ein Mann aus dem Westen, bat mich in sein Büro. Er tippte meine Personalien und die Kontonummer in den Computer. Jeweils zum fünfzehnten des folgenden Monats würde mein Honorar überwiesen werden. Kolmar gab mir einen neuen Auftrag. Ein Interview mit einer Streetworkerin.

3. Kapitel

Karl lud erneut zu einem Essen ein. Seinen Freund Peter Fischer und andere Geschäftspartner. Er kündigte außergewöhnliche Speisen an. Gambas und Muscheln. Ich war gespannt. Was sind Gambas? Weder in der Literatur, noch auf einer Speisekarte hatte ich jemals Gambas gelesen.

Wir tranken Kakao im Artur. Es war elf Uhr am Vormittag. Karl kaufte nebenan im Weingeschäft eine Kiste italienischen Weißwein. „Jetzt zum Fischgeschäft", sagte er. „Komm' mit." Die Gambas hatte er bestellt. Es waren große Garnelen. Das Kilo kostete vierzig Mark. „Das wird die Vorspeise", rief Karl laut genug, daß jeder andere Kunde es hörte.

Die Miesmuscheln bekam er in einem Fünf-Kilo-Sack, der aus grobem braunen Gewebe war, und frisch nach Seewasser roch.

Zunächst meinte ich, die Muscheln kämen aus dem Atlantik oder dem Mittelmeer. Da aber das Kilo 7,90 DM kostete und somit billiger als Schweinefleisch war, fragte ich die Verkäuferin, ob die Muscheln aus der Havel kämen. Alle lachten. Die Verkäuferin, andere Kunden, der Inhaber des Fischladens und Karl. Ich lachte auch, wußte aber nicht, warum. Die Fischfrau erklärte, daß heutzutage kein Mensch Muscheln aus der Havel verspeisen würde, ich solle sie probieren, dann wisse ich, warum gelacht wurde.

Fünf Bund Petersilie wurden gekauft und Knoblauch. Nun brauchten wir noch saure Sahne aus dem Milchladen gegenüber. Während Karl die Becher in den Wagen packte, steckte ich eine kleine Ecke teuren französischen Käse in meine Jackentasche. Auf der Straße zeigte ich meine Beute. Karl schüttelte den Kopf.

„Rabatt", sagte ich.

„Machst du das öfter?"

„Ja", sagte ich. Und erst jetzt fiel mir auf, daß ich seit einigen Monaten keinen Einkauf ohne Diebstahl tätigte. Mein Status als Sozialhilfeempfängerin lieferte mir die Rechtfertigung.

Voll Unverständnis schüttelte Karl den Kopf.

„Ich klaue nur so lange, bis ich erwischt werde", versprach ich. Dann sagte ich, um vom Thema abzulenken: „Wen könnten wir denn noch einladen?"

„Keine Sorge, es kommen genug Leute."

„Ich würde gern Toni einladen", sagte ich. „Er verabscheut Meerestiere, aber trotzdem möchte ich, daß er dabei ist."
„Vögelst du mit dem?" fragte Karl.
Ich lachte. „Nein."
„Habt ihr früher gevögelt, vor meiner Zeit?"
„Nein."
„Aber ihr trefft euch andauernd, ich bin eifersüchtig."
„Er ist mein Freund. Ich habe ihn schon einen Monat nicht mehr gesehen."
„Wie, er ist dein Freund? Ich bin dein Freund."
„Du bist mein Geliebter."
„Aha. Also ruf' ihn an."
Ich ging in eine Telefonzelle und rief Toni an. Er sagte, er wisse nicht genau, ob er kommen wolle. „Wann?" fragte er.
Am Nachmittag richteten wir uns in der großen Küche gemütlich ein. Karl hatte inzwischen einen langen Tisch angeschafft, der inmitten des Raumes stand, drum herum zwölf Stühle. Ich öffnete eine Flasche Wein und goß zwei Gläser voll. Karl häufte die weißen, festen Knoblauchknollen auf den Tisch.
„Hab' ich überhaupt Salz da", murmelte er.
„Salz ist wichtig", sagte ich. „Wenn das Salz alle ist, verlierst du dein Geld."
„Genau", sagte er. „Deshalb hab' ich immer ganz viel Salz im Haus." Er schwenkte eine Packung Salz herum, die er gefunden hatte. Er spülte einen großen Topf aus und bereitete die Pfannen vor.
Ich bekam den Auftrag, sechs Flaschen Wein zu entkorken. Er goß den Wein in den Topf und schüttete die Muscheln aus dem Sack hinterher. Skeptisch blickte ich in den Topf. In Frankreich hatten sie die Muscheln anders zubereitet. Karl schnitt die Petersilie und streute sie unter den Sud, die saure Sahne ebenfalls. Salz.
Ich pellte inzwischen Knoblauchzehen und schnitt sie in Stückchen; ich roch gern den Knoblauch an den Fingerspitzen.
Es dauerte etwa zehn Minuten, bis es im Topf kochte, die schwarzen länglichen Schalen der Miesmuscheln sich öffneten.
„Das lassen wir jetzt so ziehen und wärmen es nachher auf", sagte Karl und schaltete den Elektroherd aus.
Es war dunkel, als ich ein bremsendes Auto im Hof hörte. Ich sah auf die Uhr. Fast acht. Unten klingelte es. Ich stieg aus dem Bett und zog mich an. Ein Pole hatte den Besucher hereingelassen. Mein Freund

Toni saß auf dem Ledersofa im runden Flur. Ein Kronleuchter prangte hoch über dem Sofatisch. Er leuchtete Tag und Nacht.
„Komm' mit", sagte ich als Hausherrin und stieg die Treppe hinab. Toni war das erste Mal in der Villa. Er sah sich um.
„Was macht dein Karl eigentlich?"
„Er ist Bauunternehmer", sagte ich.
„Und das glaubst du?"
„Ja", sagte ich, obwohl ich inzwischen mehr wußte.
Karl war eine Art Subunternehmer. Er bekam das Geld und die Aufträge von Fischer. Er wohnte in der Villa als Mieter. Keines der Möbelstücke gehörte ihm. Das Bett in dem wir schliefen, der Schreibtisch an dem ich schrieb. Das Geschirr in der Küche. Nichts.
Soviel hatte ich bereits aus einem Gespräch anderer erhascht.
In der Küche lehnte sich Toni gegen die Anrichte. Ich goß Wein ein. Er verschränkte die Gliedmaßen, wie er es oft tat. Als müsse er sich dauernd vor Angriffen schützen.
„In diesem Haus lag die Bombe für das Hitler-Attentat", sagte ich.
„Wer sagt das", sagte Toni, „dein Freund?"
„Ist doch egal. Da hinten in der Kammer war sie versteckt, ein paar Wochen. Eigentlich glaub ich's auch nicht, aber warum sollte er lügen? Später war es ein Gästehaus von Margot Honecker."
„Das weiß ich", sagte Toni.
Karl erschien im Hausanzug in der Küche und rieb sich die Augen.
„Hallo", sagte er zu Toni. Dann blickte er sich um. „Wie spät ist es?"
„Dreiviertel acht", sagte ich.
„Was heißt das?"
„Viertel vor acht", sagte Toni. Ich blickte ihn streng an.
Karl rieb sich die Hände.
Nach acht Uhr trafen weitere Gäste ein. Die Inhaberin des Weinladens, eine Kellnerin aus dem Artur, ein Ehepaar, das Karl entweder im Weinladen oder im Café aufgelesen hatte. Fischer kam zuletzt. Bisher hatte ich den Freund von Karl immer nur kurz gesehen, wenn er kam oder ging. Ich beobachtete ihn unauffällig.
Während die anderen Gäste unruhig hin und her gingen, setzte Fischer sich sofort an den Tisch. Er trug ein weißes Hemd und ein Jackett. Er verschob den Schlipsknoten und öffnete den oberen Hemdknopf. Sah älter aus als Karl, war aber drei Jahre jünger. Sein weißes Haar war strähnig und fiel in die Stirn. Die buschigen, weißen Augenbrauen flößten mir Respekt ein. Er redete wenig und

mit angenehmer Stimme. Charmant. Das genaue Gegenteil von Karl. Der schaltete den Herd an, um die Muscheln zu erhitzen und die Gambas in Olivenöl und Knoblauch zu braten. Toni stand noch immer gegen die Anrichte nahe beim Herd gelehnt. „Kann ich dir irgendwie helfen?“ sagte er zum Hinterkopf von Karl. Der drehte sich um. „Du kannst mir die Eier schaukeln, während ich hier am Herd stehe.“
Alle lachten.
Toni auch. Aber umgehend verließ er die Stelle am Herd und setzte sich auf den freien Stuhl neben Fischer. Ich saß genau gegenüber. Später konzentrierte sich jeder Gast auf seinen eigenen Teller. Die Garnelentiere hatten eine orange-rote Färbung angenommen. Sie wurden mit den Fingern geknackt, ausgenommen, verzehrt, ausgelutscht. Finger ablecken. Seufzen, genießen. Den Gastgeber loben. Erst als die Muschelberge auf den Tellern lagen, dachte ich daran, daß Toni so etwas verabscheute. Ich blickte ihn an und hörte auf zu kauen.
„Sag' mal, du ißt ja Meerestiere?“
Er lächelte: „Ich bin heute offen für was Neues“, sagte er.
„Was machen Sie eigentlich beruflich?“ fragte Fischer ihn.
Der erste Satz kam fließend. „Wir haben eine Tischlerei“, sagte Toni, „wir restaurieren Ddddd…“ Ich hielt die Luft an und sah zum Fenster. Ich tat, als würde ich dort jemanden kommen sehen. Ich wußte ja über Tonis Firma Bescheid.
Fischer blickte ihn von der Seite an und hörte geduldig zu. Alle anderen waren still. Überrascht. Entsetzt. Ein Stotterer. Ein Behinderter. Sah man ihm gar nicht an. Allmähliche Entwarnung. Die Lähmung des Publikums löste sich wieder. Es versuchte den Schreck zu überspielen. Einer stand auf und holte eine neue Flasche Wein von der Anrichte. Toni redete immer noch. Erzählte mehr als notwenig, stotternd. Karl redete auf einmal dazwischen. Aber Fischer bedeutete ihm mit einer unwirschen Handbewegung Einhalt und konzentrierte sich weiter auf meinen armen jungen Freund. Es war egal, ob er stotterte oder nicht, Toni erschien mir in Gegenwart von Karl Roth und Peter Fischer klein und angestrengt.
Ein paar Tage später dachte ich darüber nach, Karls Sekretärin zu werden. Auf seinem Schreibtisch lagen die unerledigten Papiere haufenweise. Ich könnte die Stunden der Polen in ordentliche Listen

oder in ein Buch übertragen, Lieferscheine, Rechnungen, Quittungen sortieren.
„Mach' mal", sagte Karl, „das wäre gut."
Am liebsten wollte ich dafür ein Gehalt. Aber das hielt er für überflüssig, sein Geld sei auch mein Geld, sagte er. Na gut.
Eines Tages ging ich zur Fahrschule und meldete mich an. Das Sozialamt durfte davon nichts wissen. Ich malte mir aus, wie ich in wenigen Wochen am Steuer des dunkelblauen Mercedes sitzen, den Zündschlüssel umdrehen und den betrunkenen Karl nachts nach Hause fahren würde. Wenn ich dabei an Toni dachte, erfüllte mich ein Gefühl von Stolz und Sieg.
Außerdem brauchte ich eine Wohnung. Eine eigene Küche. Ein eigenes Bad. Ein eigenes Bett.
Ich hatte es beiläufig erwähnt. Zu beiläufig. Karl reagierte nur schwach. Ich solle Geduld haben. Er sei dabei, einen Bauernhof zu kaufen. Er habe außerdem mehrere Wohnungen an der Hand. Ich solle ihn nicht nerven.
Ich zweifelte an seinen Worten. Meine Schulden hatte er ja auch nicht bezahlt.

4. Kapitel

Erst Ende April grünten die Zweige auf meinem Hof im Holländerviertel. Trotzdem blieb es kalt und regnerisch. Die Luft roch neutral. Ich schrieb für das Stadtjournal und akquirierte zusätzlich Anzeigen. Auf meinem Konto vermißte ich die Honorarüberweisung. Ich besuchte die Redaktion. Kolmar telefonierte und ich wartete vor seinem Schreibtisch.

Er legte den Hörer auf und tat überschwenglich erfreut, mich zu sehen.

„Ob wir das nächste Heft noch machen können, ist fraglich", sagte er zu den anderen Redakteuren in den Raum hinein.

Ich lächelte. Mir konnte er keine Angst machen: „Ihr habt mir kein Geld überwiesen", sagte ich unerbittlich.

Er hob die Hände. „Damit habe ich nichts zu tun", sagte er, „das macht der Geschäftsführer. Geh einfach mal rüber, er sitzt nebenan im Büro, er hat alles im Computer."

„Ich weiß", sagte ich, „ich kenne seinen Computer."

Der Geschäftsführer als solcher hatte einen schlechten Ruf. Von anderen Autoren hatte ich gehört, daß es schwierig sei, ein Honorar zu erhalten. Der Geschäftsführer wechselte aller paar Monate. Der Neue beklagte sich darüber, daß er die Schlampereien des Vorgängers auszubügeln habe. Er suchte im Laptop meinen Namen.

„Hier", sagte er, „alles da, Kontonummer, dein Honorar."

Ich blickte auf den Bildschirm. Die Summen, die ich verdient hatte, standen untereinander. Ich rechnete sie im Kopf zusammen und kam auf fast zweitausend Mark.

„Du hast noch nie Geld bekommen?"

„Noch nie."

„Schweinerei", sagte der Geschäftsführer.

„Du mußt ja nicht alles auf einmal überweisen", bot ich an, „erst mal fünfhundert Mark wäre schon gut."

„Nein nein", sprach er, „ich überweise die gesamte Summe. Das muß vom Tisch."

„Na um so besser."

Ich verließ zufrieden die Redaktion und beschäftigte mich mit dem nächsten Problem.

„Ich gehe ins Obdachlosenheim", sagte ich morgens in der Küche beim Frühstück zu Karl.

„Das wirst du nicht tun", sagte er, „du hast alles hier."
„Nein", erwiderte ich, „ich habe nichts. Ich habe kein Bett, ich habe keinen eigenen Schreibtisch, und ich habe keinen eigenen Herd, ich will nicht mehr."
„Du hast alles bei mir", wiederholte er, „du willst mich unter Druck setzen!"
Das stimmte, aber ich ignorierte die Bemerkung.
„Bei dir? Dir gehört doch hier gar nichts. Das gehört alles Fischer, alles, sogar dein Doppelbett gehört dir nicht, glaubst du, ich weiß nicht, was hinter deinem Rücken vorgeht? Du bist hier nur geduldet, du und deine Polen."
„Das ist doch Blödsinn", sagte Karl. „Hör' mal, wir haben eine eigene Wohnung in Aussicht, wart' doch mal ab. Fischer hat noch eine Villa gekauft, da bekommen wir die ganze untere Etage, wir haben das alles schon besprochen, warte ab."
Ich stand auf und ging zur Anrichte, um Kaffee zu holen. Karl stand ebenfalls auf, drehte mich herum und umarmte mich.
„Geh nicht, wenn du ins Heim gehst, diese Kränkung kann ich nicht verkraften."
Ich drückte meine Stirn gegen seine. Ja ja, dachte ich und tat, als habe er mich überzeugt.
Herr Wildenhain, der Chef des Asylgeländes, begleitete mich zu den Unterkünften. Unterwegs trafen wir den Hausmeister. Er trug einen schwarzen Filzhut mit hochgestellten Seitenkrempen.
Ich bekam ein Zimmer in Haus „D". Seitlich lagen die Eingänge in den langen Baracken. Ich sollte ein Zimmer für mich allein bekommen. Überrascht blickte ich mich um. Drei Zimmer gehörten zu einer Wohneinheit. Im Vorraum standen ein Kühlschrank, ein moderner Elektroherd, eine Doppelspüle. Das Zimmer war möbliert mit Regalen aus Preßpappe, einer Kommode aus den fünfziger Jahren und einem Metallbett. Unter den Sitzmöbeln gefiel mir am meisten der abgewetzte gemütliche Sessel. Der muffige Geruch erzeugte Wohlbefinden, er erinnerte mich an etwas Angenehmes aus meiner Kindheit, was genau, wußte ich nicht.
Ich verschaffte mir einen Überblick. Was fehlte? Geschirr zum Beispiel, eine Kaffeemaschine. Ohne Kaffee aus der Kaffeemaschine konnte ich nicht schreiben. Den Schreibtisch räumte ich in Gedanken bereits ans Fenster. Immer standen meine Schreibtische, wenn möglich, direkt vor dem Fenster. Der Cowboy überreichte mir zwei

Schlüssel. „Der hier ist für die Eingangstür, der für's Zimmer. Sie können kommen und gehen wann Sie wollen. Eine Hausordnung hängt im Flur, irgendwo. Im Flur steht auch ein Kühlschrank. Wenn der nicht reicht, stellen wir noch einen zweiten dazu."
Aus einem Zimmer kam ein Mann. „Zieh dir Hosen an", sagte der Cowboy, „eine Frau nimmt hier Quartier."
„Oh." Der Mann verschwand wieder.
„Ich glaube nicht, daß ein zweiter Kühlschrank her muß", sagte ich nach einem Blick in den einen, „ich koche wenig, ich esse wenig." Ich hielt inne. Was sollte diese freiwillige Zurückhaltung, diese blöde Bescheidenheit? Ich bin auch ganz leise, hätte ich noch hinzusetzen können. „Wenn die Obdachlosen auf der Straße wüßten, wie komfortabel es hier ist", sagte ich, „ich hätte das allerdings selbst nie für möglich gehalten."
„Viele sind zu stolz oder haben einen Hund", sagte der Cowboy, „Hunde dürfen hier nicht mit rein."
Einen Moment dachte ich darüber nach, warum ich diesen Aufwand betrieb. Warum richtete ich mich nicht in der Villa bei Karl ein? Mißtraute ich ihm?
Im Holländerviertel packte ich einen Wäschekorb mit Geschirr. Schmutzige Teller, Tassen, Gläser, Eierbecher, Töpfe, Pfannen, Besteck, Schüsseln. Das wollte ich alles im Asyl reinigen und stapeln. Dann die Kaffeemaschine drauf, Filtertüten, Gewürze: Ingwer gemahlen, Cayenne-Pfeffer, Basilikum, Oregano, Curry, gekörnte Brühe. Olivenöl und Milford-Tee. Was mußte ich einkaufen? Waschpulver, Kaffee. In einen blauen Müllsack stopfte ich Sachen für die Waschmaschine. Ich freute mich bereits. Ich würde es mir schön machen im Asyl. Wäsche waschen, Geschirr spülen, duschen, Wäsche aufhängen, Müll wegbringen, Geschichten schreiben, Kaffee trinken, Zigaretten rauchen. Und endlich wieder kochen.
Seitdem ich mit Karl zusammen war, hatte ich das Kochen verlernt, gleich nachdem er verkündet hatte: „Frauen können nicht kochen!" Einmal hatte ich es getestet. Einen Salat mit Mozarella war ja keine Kunst. Karl war noch oben im Büro. Ich beeilte mich. Tomaten schneiden, Mozarella schneiden, Basilikum abrupfen, bißchen Pfeffer, Olivenöl. Das einfachste Gericht der Welt. Als ich fertig war, betrachtete ich verblüfft mein Produkt. Es sah aus wie der Abfall von etwas, eine Art Essenreste, unordentlich, wüst, angeknabbert. Ich

nahm eine Gabel und verzehrte hastig alle Einzelteile. Gleichzeitig lauschte ich, ob Karl sich näherte.
Nun, in meinem eigenen Zimmer, würde sich alles wieder einrenken. Ich stellte den Tisch vor das Fenster und sah mich um. Die Steckdose neben der Tür. Die Schnur der elektrischen Schreibmaschine würde zu kurz sein. An ein Verlängerungskabel denken. Im Bad gab es keinen Spiegel, also Spiegel mitbringen. Ich fuhr mit dem Bus zurück in die Stadt und rief Toni an.
„Hast du heute abend Zeit für mich?"
„Kommt drauf an", sagte Toni.
„Ich bin ins Obdachlosenheim gezogen, und ich brauche einen Transport, paar Sachen, Schreibmaschine, Geschirrkiste, Klamotten und so, und danach lade ich dich zum Essen ein."
„Das läßt sich machen", sagte Toni. Wir verabredeten uns für zwanzig Uhr in unserer früheren Stammkneipe, in die ich Karl jedoch längst eingeführt hatte, denn hier war es nachts immer noch am besten.
Ich vermutete ihn dort zu treffen und hoffte, daß er schon betrunken sei, damit ich dann guten Gewissens mit Toni wegfahren konnte. Kurz vor acht erschien ich und sah Karl auf einem Barhocker am Tresen sitzen. Er hielt den Kopf leicht gesenkt vor sich hin blickend. Ich hatte längst bemerkt, daß er schon mittags Bier trank, oder vielleicht schon vormittags. Ich setzte mich zu ihm.
„Ach, Anna", sagte er, blickte mit einem kleinen Ruck zu mir, dann starrte er wieder auf seine Flasche. Wo blieb eigentlich der positive Einfluß der liebenden Frau? Ich sah mich als Einzelwesen neben ihm. Kalt. Ihn beobachtend, mich selbst beobachtend.
Toni kam wie immer, als würde er unter extremen Zeitdruck stehen. Aber in diesem Falle wollte auch ich so schnell wie möglich hier verschwinden. Ich sagte Karl nur „Tschüss bis später", und daß wir etwas erledigen müßten.
„Die Schreibmaschine steht bei Karl im Zimmer", sagte ich zu Toni.
„Dacht' ich mir doch."
Wir luden die Kartons und den Wäschekorb ein, danach fuhren wir in die Villa, und ich holte die Maschine, Papier und Hefter. Ab ins Heim. Im Haus „D" blickten Neugierige aus den Fenstern. Wir luden aus.
„An was erinnert mich das hier?" sagte Toni. „Ferienlager? Armee?"
„Schweineställe", sagte ich, „früher waren das hier Schweineställe."

„Ach was."
Ich lud ihn ein, mein Zimmer zu besichtigen. Er lehnte ab.
„Ich warte hier draußen", sagte er. „Beeile dich bitte."
Ich grinste. „Du stellst dir ein Bettenlager vor, stimmt's? Mit betrunkenen schnarchenden Männern."
„Keine Ahnung", sagte er.
Toni nahm die drei Stufen am Eingang und blickte vorsichtig um die Ecke. Er besichtigte Flur, Bad und Zimmer. „Fast wie ein Hotel", sagte er, „dafür zahl' ich also die Steuern."
„Ja", sagte ich und strahlte. „Und nicht nur für Raketen, wie du immer dachtest."
Toni brummte etwas Unverständliches.
Ich stellte die Sachen im Zimmer ab, dann fuhren wir wieder los. Der Pförtner öffnete das Tor.
„Fahren Sie wieder zurück", fragte er erstaunt.
„Ja."
Karl bemerkte das Verschwinden der Schreibmaschine, und ich sagte ihm, daß ich mein Zimmer im Obdachlosenheim bezogen und Toni die Sachen hintransportiert habe.
„Warum hast du mich denn nicht gefragt?" sagte Karl.
„Wolltest du betrunken Auto fahren?"
„Hör' mal, das hätte doch wohl einen Tag Zeit gehabt."
„Was ist der Unterschied, Karl? Du bist doch jeden Tag betrunken", sagte ich.
„Ich lasse mich nicht mit einem dunkel blauen Mercedes ins Obdachlosenheim fahren. Mit deinem dicken Auto kannst du kommen, wenn du eine Wohnung für uns hast."
Am nächsten Tag fuhr ich morgens um acht ins Asyl. Das Ausländerheim war ein modernes zweistöckiges Haus. Mit Holzgalerie und Spielplatz. „Haben die Schweden gebaut", hatte der Cowboy gesagt. Gegenüber vom Pförtnerhäuschen entdeckte ich einen Laden. Ich ging hinein. Ein älterer Araber war der Chef. Der Cowboy stand neben der Kasse. Ich grüßte ihn.
„Mal'n Überblick verschaffen", sagte ich.
Als erstes fielen mir Bier und Wein ins Auge. Das strenge Alkoholverbot stand also nur auf dem Papier, und ich hatte mir schon Sorgen gemacht. Zwei-Liter-Flaschen Sangria, Rosenthaler Kadarka, das Bier in Büchsen. Beim Anblick dieser Sorten Alkoholika wurde mir übel. Kein einziger trockener Wein. Ansonsten Wasser, Saft, Obst

und Gemüse, Kartoffeln. Asiatische Nudelsnacks, Zucker und Salz, Waschpulver, Käse (Scheibletten), Kosmetik. Für meine Bedürfnisse fehlte einiges. Es gab keine echte Butter, keinen Mozarella, keinen Ziegenkäse, keine frische Milch, nur H-Milch. In der Mitte des Geschäfts standen Regale mit fremdartigen Produkten und großen Schildern darüber. AFRIKA. ASIEN. Großpackungen mit Bohnen, rote, gelbe, grüne, rosa. Getrocknete Tintenfische. Gläser mit undefinierbarem Inhalt. „Ist ja interessant", sagte ich, während ich eines der Gläser in die Hand nahm. Der Cowboy kam zu mir herüber. „Das sind kleine gefüllte Auberginen, sind gehackte Nüsse drin, Knoblauch und so was."

„Muß ich probieren." Ich griff nach einem anderen Glas, hielt es hoch und sah darin hellgrüne, längs geriffelte Dinger. „Was meinst du, was das ist?" fragte der Cowboy. Ich hob das Glas noch höher und blickte durch den Boden. „Eine Art Gurken?"

„Richtig."

„Das werde ich alles nacheinander kosten", verkündete ich. Dann kaufte ich lediglich eine Schachtel Zigaretten und viel Salz, verließ den Laden und nahm den kürzesten Weg zu meinem Appartement, quer über das trockene alte Gras der letzten Jahre. Meine Zimmernachbarn waren zu Hause.

„Ich bin Anna", teilte ich mit. Einer hieß Kurt, der andere Dieter. Dieter fehlte ein Arm. Früher sei er Chefkoch in Bremen gewesen. Dann habe er jemandem das Leben gerettet und den Arm verloren. Jetzt arbeite er in Potsdam im Krankenhaus.

„Du bist auch aus dem Westen", sagte ich zu Kurt.

Er nickte. „Woran sieht man das?"

„Keine Ahnung", sagte ich. „Zeig' mir mal bitte, wie die Waschmaschine funktioniert."

„Sofort, geht gleich los."

„Oder kann auch später sein", sagte ich. „Ach nee Quatsch, zeig' mal gleich."

Ich nahm mir vor, hier an Ort und Stelle zu üben, weniger bescheiden zu sein. Ich stopfte die Wäsche in die Maschine. Das schmutzige Geschirr wollte ich einweichen und spülen, wenn die Männer weg waren. Ich ging ins Zimmer, ließ die Tür offen, damit sie sehen konnten, daß ich ein offener Mensch bin, und blickte mich um. Was fehlte noch? Handtuch hatte ich vergessen. Ich klappte mein Tagebuch auf, setzte mich in den abgewetzten Sessel und notierte die

Posten: Fön, Haarwäsche, Fotoapparat, Verlängerungsschnur. Ich wollte hier fotografieren, erst innen, später auf dem Gelände, unauffällig. Ich ging zum Fenster und sah hinaus. Ausländische Kinder spielten auf dem Weg. Die Eltern saßen zwei Türen weiter vor dem Haus an einem Tisch und bereiteten das Essen vor. Ich ging hinaus, setzte mich auf die Treppenstufe und lächelte ein paar Minuten, um zu zeigen, daß ich Ausländer gern hatte.
Jeden Tag fuhr ich nun morgens ins Heim, setzte mich an die Schreibmaschine und schrieb darüber, wie ich jeden Tag ins Heim fuhr und mich an die Schreibmaschine setzte. Ich ließ immer meine Zimmertür offen, obwohl ich glaubte, den Männern lästig zu sein. Die elektrische Schreibmaschine war ziemlich laut. Die Männer ließen ihre Türen ebenfalls offen. Sie diskutierten laut, entweder über Sport oder über Politik. Wir wohnten in kameradschaftlicher Atmosphäre nebeneinander.
Bald erkannte ich, daß die Obdachlosen sortiert waren. Die schweren Alkoholiker hatten die Baracke hinter uns. Es waren weniger als zehn Leute, die abends grillten, Bier tranken und redeten. Uns selbst zählte ich zu den leichten Alkoholikern. Einmal traf ich eine von den anderen in der Stadt an der Bushaltestelle. Sie stand vor mir. Als sie einsteigen wollte, kippte sie plötzlich zur Seite wie eine Säule, so daß ich sie auffangen mußte. Ich richtete sie wieder auf, und ohne sich umzudrehen, stieg sie ein, als wäre nichts gewesen, ging steif am Busfahrer vorbei und setzte sich.
Dreimal in der Woche ging ich zur Fahrschule. Ich mußte zweihundert Mark Grundgebühren zahlen. Karl gab mir das Geld. Einmal fuhren wir am Obdachlosenheim vorbei. Der Pförtner des Heimes sollte mich am Steuer nicht erkennen. Der Fahrlehrer hielt seinen Aktenkoffer als Sichtblende zwischen uns in Kopfhöhe. Er war ein Fan von Erich von Däniken, deshalb unterhielten wir uns während der Fahrstunden meistens über Außerirdische und deren Einfluß auf die Regierungen der Welt. Auto fahren machte Spaß. Der Fahrlehrer lobte mich.
Der Mai war heiß und trocken. Mein Hof in der Mittelstraße war paradiesisch zugewachsen.
Ich entfernte mich von Karl und erwartete trotzdem seine Wohltaten. Er berührte mich kaum noch. Seine schwarzen Augen blitzten an mir vorbei, ruhten wohlwollend auf der Inhaberin des Weinladens oder abends in der Kneipe auf den Figuren achtzehnjähriger Studen-

tinnen. Flugs überlegte ich mir eine Taktik, ihn wieder auf mich aufmerksam zu machen, ohne dabei als zeternde, eifersüchtige Partnerin aufzutreten. Einmal war ich unversehens in solche Lage geraten, kam außer Kontrolle, als ich morgens im Bett Lust hatte, ihn zu verführen und er nur brummig mit einer Hand abwehrte. Ich beklagte mich, fing zu jammern an und wurde lauter.

„Kein Streß", sagte Karl. „Bitte mach' mir keinen Streß."

Ich ärgerte mich, die Fassung verloren zu haben. Nun versuchte ich es mit Abwesenheit. Ich verbrachte die warmen Frühlingsnächte in der Mittelstraße, fuhr jeden Morgen ins Obdachlosenheim und hoffte am Abend im Café Artur, Karl würde mich suchen.

Die Räumung unseres besetzten Hauses verzögerte sich. Einer der Studenten hatte von einer Potsdamer Hausverwaltung erfahren, daß der Münchener das Haus nie gekauft, höchstens die Absicht gehabt habe, seit Monaten aber kein Zeichen von sich gebe. Falscher Alarm.

Mehr als vier Tage waren vergangen, als ich eines Morgens zu Karl in die Villa fuhr, um mit ihm zu reden. Er saß in der Küche mit einer Büchse Bier.

„Mußt du heute zur Baustelle?" fragte ich.

„Ja, später", brummte er.

„Was ist mit dir?"

„Du hast mich gekränkt."

„Wieso?"

„Du bist ins Obdachlosenheim gegangen. So was kannst du mit mir nicht machen."

„Was bleibt mir denn übrig? Wie lange sollte ich warten?"

Er schlug mit der Faust auf den Tisch: „Du kannst hier wohnen. Hier ist alles, was der Mensch braucht."

„Nicht schon wieder, bitte."

„So was kränkt mich. Du kannst nicht abwarten, du hast keine Geduld."

„Nein, habe ich nicht."

„Du hängst immer mit diesem Toni zusammen, vögelt ihr?"

„Das hast du schon mal gefragt."

„Ja und, macht ja nichts."

Ich schüttelte den Kopf, stand auf und füllte mir Kaffee nach.

Hin und wieder traf ich mich mit Toni, aber es war nicht wie früher.

„Gib' mir auch Kaffee", sagte Karl.

„Entschuldige."

Ich sah zu ihm hin, während ich seine Tasse füllte. Er starrte zum Küchenfenster.
„Bist du deshalb so schlecht drauf?" fragte ich.
„Ach Unsinn."
Ich setzte mich zu ihm.
„Wir haben Probleme auf der Baustelle", sagte er, „ich warte auf Pawel. Er kauft Material."
„Ach so."
„Anna pass' auf. Ich kaufe demnächst den Bauernhof. Moment." Er hob beide Hände, obwohl ich nichts gesagt hatte.
„Ich kaufe das Haus, ungefähr, das wird ungefähr im Sommer sein. Ich habe Geld abgehoben dafür. Das Konto soll demnächst aufgelöst werden, das wäre jetzt zu kompliziert, das erkläre ich dir ein andermal."
Ich nickte gespannt.
„Vorher, Juni, Juli, fahren wir zum Atlantik, bißchen ausspannen. Du wirst staunen. Ich habe zwar wenig Zeit, aber du kannst dann noch bleiben, wenn du Lust hast."
„Ja. Toll", sagte ich.
„Also, was willst du noch?"
„Wunderbar, hört sich gut an.", sagte ich. „Dann besuche ich Marie auf der Insel. Wo ist dein Haus genau?"
Karl hob die Hand und machte eine ungefähre Bewegung: „Kennst du nicht", sagte er. „Auf dem Medoc ist das, Lacanau."
„Welche Stadt ist denn in der Nähe?"
„Da ist keine Stadt in der Nähe."
„Bordeaux?"
„Bordeaux, nix Bordeaux", sagte er unwirsch. „Da muß man mit der Fähre übersetzen.
MEDOC eben, von Royan aus."
„Also doch eine Stadt."
Ich war erregt. Ich sah den Atlantik vor mir.
„Wir warten jetzt nicht mehr auf Pawel", sagte Karl. „Komm', wir fahren in die Kneipe."

5. Kapitel

Ein großes Polizeiaufgebot wie bei einer Fahndung empfing uns im Holländerviertel. Es war eine allgemeine Fahrzeugkontrolle. Von einem Polizisten wurden wir an den Rand gewunken. Karl ließ die Scheibe auf meiner Seite runter.

„Können Sie mir Ihre Sondergenehmigung zur Gurtbefreiung zeigen", sagte der Polizist. „Oder zahlen Sie freiwillig achtzig Mark?"

„Hier." Karl drückte mir einen Hunderter in die Hand. „Regel' das mal, ich muß telefonieren."

Er sprang aus dem Auto und verschwand in der Kneipe.

Ich zahlte, ließ mir die Quittung geben und folgte Karl. Er saß am Tisch, ein Bier vor der Nase, ein drahtloses Telefon am Ohr. Er wartete und blickte mich an. Dann redete er mit Fischer. Sie stritten um Rechnungen und Lieferungen.

„Was war das denn eben für 'ne Nummer?"

Karl lachte. „Ich mußte schnell verschwinden, wenn die mich hätten pusten lassen, dann wär' ich dran gewesen." Er nahm einen großen Schluck Bier.

„Du bist betrunken Auto gefahren?"

„Hast du das nicht gemerkt?"

„Nee."

Es war klar, daß Karl sich nun vollends betrinken würde. Da wollte ich beizeiten den Absprung schaffen. Es war mir peinlich, daneben zu sitzen, wenn er anfing zu singen. Jedesmal, wenn er betrunken war, sang er laut. Es waren immer dieselben Lieder. Ein jiddisches Lied und die Internationale. Er hatte eine prima Stimme, trotzdem ertrug ich es nicht. Zum neunundneunzigsten Mal sagte Karl, daß Fischer wie sein Bruder sei.

„Ja", sagte ich, „aber fang jetzt nicht an zu weinen."

„Spinnst du?"

„Sei mir nicht böse, ich verlasse dich jetzt." Ich klopfte ihm auf die Schulter und erhob mich.

„Bis später."

Karl nickte zufrieden.

Hatte ich es vorher übersehen, oder trank er jetzt mehr? Ich machte mir Sorgen. Ich wollte keine Krankenschwester sein. Mir fiel wieder ein, daß ich Karl um Geld bitten wollte. Die Fahrschule mußte bezahlt werden. Loretta wartete immer noch auf den Rest der Schul-

den. Wenn er Geld für ein Bauernhaus hatte, würde es ihm doch kaum etwas ausmachen, mir ein paar tausend Mark zu geben, dachte ich. Er wußte ja, daß ich es brauchte. Warum gab er mir nichts? Immer nur diese zwei oder drei Hunderter und der Satz: „Kommst du damit aus?"
Wie bringe ich ihn dazu, mir mehr Geld zu geben, dachte ich. Ich wechselte die Kneipe. Im Artur wollte ich mir einen Plan überlegen. Das beste wäre natürlich, ganz klar und deutlich eine Summe zu fordern. Ich bestellte einen Viertelliter Weißwein. Nein, dachte ich, das hatten wir schon. Das funktioniert nicht. Er wußte genau, daß ich Loretta zweitausend Mark schuldete. Jedes Mal, wenn wir sie trafen, fragte er, ob ich die Schulden bei ihr bezahlt hätte.
„Wovon denn?"
„Komm, wieviel kriegt sie?"
„Zweitausend."
„Wir gehen morgen zur Sparkasse, und dann gibst du ihr das Geld, damit das endlich vom Tisch ist."
„Ja, gut."
Diesen Dialog hatten wir mindestens zweimal geführt, Wort für Wort.
Eine andere Taktik mußte her. Ich konnte mein eigenes Konto kräftig überziehen und ihm sagen, daß mir nun einfach nichts anderes mehr übrigbliebe.
Am nächsten Vormittag ging ich zur Bank. Vor der Post bremste ein schwarzer Golf. Karl öffnete die Tür und rief fröhlich: „Hallo, Anna."
Ich blickte überrascht auf das Auto, das sonst ein Mercedes war. Am Steuer saß Pawel. Karl häkelte sich aus dem Wagen. Er schwankte. „Komm, steig ein", sagte er vergnügt und klappte den Vordersitz um, damit ich einsteigen konnte. „Nein", ich winkte ab, „ich hab' was zu erledigen. Ich muß zur Post. Geld holen!" Karl kroch wieder ins Auto.
„Wo wollt ihr denn hin?"
„Zum Markt, zum Fischstand frühstücken. Ich bin blitzeblau."
„Das sehe ich." Ich schlug die Autotür zu und winkte noch einmal kurz.
Inzwischen hatten sich auch bei der Fahrschule eintausend Mark Schulden gehäuft. Zur Prüfung würde ich nicht zugelassen werden, bevor der offene Betrag gezahlt war.

Vom Geschäftsführer des Stadtmagazins hatte ich einen Scheck über tausend Mark bekommen, der nicht gedeckt war. Direkt von der Fahrschule ging ich zur Redaktion.
Da ich kein Honorar bekam, arbeitete ich nicht mehr für die Zeitschrift, ich konnte alles auf eine Karte setzen.
Kolmar telefonierte. Ich stellte mich vor seinen Schreibtisch und richtete einen starren Blick auf den Telefonhörer. Kolmar lächelte mich an, während er sprach. Ich blieb ernst. Ich konzentrierte mich auf meinen bösen Blick. Der Schreiberling legte den Hörer auf.
„Was gibt's", fragte er bemüht fröhlich.
Ich legte ihm den Scheck vor die Nase. „Der ist nicht gedeckt", sagte ich.
„Das kann eigentlich nicht sein", sagte Kolmar.
„Tausend Mark in bar", sagte ich. „Oder es platzt eine Bombe hier in diesem Raum."
Er nahm den Hörer auf. „Ich verbinde dich mit unserem Geschäftsführer."
Ich nahm ihm den Hörer aus der Hand und legte ihn auf den Apparat zurück.
„Ich will das Geld von dir."
„Mit dem Honorar habe ich nichts zu tun, dafür bin ich nicht verantwortlich." Er sprach leise. Er hatte Angst.
„Doch", sagte ich. „Du hast mich gebeten für euch zu arbeiten. Ich habe für euch gearbeitet. Du bist verantwortlich dafür, daß ich bezahlt werde. Laß' dir was einfallen. Jetzt. Sofort."
Kolmar nickte. Er nahm den Hörer und wählte eine Nummer.
„Frank, ich brauche tausend Mark in bar, heute, jetzt sofort…"
Ich kniff die Augen zusammen. Nicht schlapp machen, dachte ich, durchhalten.
„Wann?" fragte Kolmar in den Hörer, „Moment."
Er hob den Kopf.
„Heute nachmittag um drei bei Frank zu Hause, bist du damit einverstanden?"
Ich nickte.
„Okay."
Am Nachmittag bekam ich das Geld tatsächlich. Ich überwies es direkt zur Fahrschule.

6. Kapitel

Nachdem ich glaubte, mit Karl und mir sei alles wieder im Lot, sah ich ihn drei Tage nirgends. Nicht im Café Artur, nicht im Hofcafé. Ich ging in die Villa. Sein Zimmer war leer. Die Küche dunkel. Ich schrieb einen Zettel und legte ihn auf sein Kopfkissen.
„Lieber Karl, ich bin morgen, Donnerstag Abend, zwischen acht und halb neun im Artur. Lieber Gruß, Anna."
Im Artur wartete ich vergebens. Das erschien mir seltsam.
Freitagvormittag ging ich wieder zur Villa. Der Zettel lag noch auf dem Kopfkissen. Er hatte also nicht hier geschlafen, wo sonst? Eine andere Frau kam irgendwie nicht in Betracht.
Ich stand vor seinem Bett, und mir wurde klar: Es ist etwas passiert. Ich setzte mich. Fischer fiel mir ein. Sofort beschloß ich, in sein Büro zu gehen. Und obwohl ich wußte, daß Privates in einem Westbüro nichts zu suchen hatte, platzte ich mitten in eine Sitzung.
„Wo ist Karl?"
Fischer stand sofort auf, kam zu mir und fragte leise, ob ich warten könne, etwa eine Stunde, dann würde er Zeit für mich haben.
Ich wartete oben im Zimmer, schaltete den Fernseher ein und setzte mich auf die vorderste Bettkante, als wäre ich fremd hier, ein Gast.
Fischer klopfte an. „Ziemlich schlimm", sagte er gleich, ohne Vorrede. Ich war aufgestanden. „Was ist passiert?"
„Setz dich lieber."
„Ist er tot?"
Fischer lächelte. „Nein."
„Dann muß ich nicht sitzen."
„Aber er sitzt", sagte Fischer.
„Wie, er sitzt?"
„Im Knast."
„Nein." Ich plumpste auf's Bett und sah Fischer an.
Ganz deutlich hatte ich mich in Karls Haus am Atlantik gesehen, bißchen was schreiben, Schecks einlösen, mit ihm in Deutschland telefonieren, endlich Auto fahren. Jetzt saß der Typ im Knast und war womöglich gar kein Kommunist, sondern ein Betrüger, ein Krimineller, ein Schuft, der mich nicht mehr versorgen konnte.
„Was hat er gemacht?" fragte ich seinen Freund. Er zuckte mit den Schultern.

„Vorgestern früh war die Polizei hier. Wir saßen gerade in der Küche, und dann haben sie ihn mitgenommen. Er konnte nur schnell ein paar Sachen packen, und weg waren sie."
Ich schaute ihn fassungslos an. Mehr als zwanzig Jahre kannten die sich, und er wußte nicht, was mit seinem Freund los war?
„Irgendwas mit Unterhalt", sagte Fischer.
„Ach so", fast war ich enttäuscht. „Deswegen kommt einer in Knast?"
Fischer zuckte mit den Schultern. Es handelte sich um eine Summe von etwa 30.000 Mark. Das sei kein Geld, sagte Fischer. Er habe der Haftrichterin 50.000 Mark Kaution angeboten. Abgelehnt. Auch Karl hatte es sofort mit einer Geldsumme versucht. Fischer hatte ihn bereits im Knast besucht und versprochen, einen Anwalt zu besorgen. Am Montag sollte Karl nach Düsseldorf überführt werden.
Bis dahin müßten wir ihn also rausholen.
Mir blieb der Montagmorgen, um zu verhindern, daß Karl in den Westen abgeschoben wurde. Die Haftrichterin sei heute nicht mehr erreichbar. Fischer sagte mir ihren Namen und die Zimmernummer. Nur sie könne mir eine Besuchserlaubnis geben. Instinktiv war klar, daß die Richterin aus dem Osten kam; und daß ihr die Art, wie Karl und Fischer über Geld redeten, mißfallen haben mußte. Ich hatte keine Ahnung, was ich tun mußte, wie man Anwälte einschaltete und mit Gerichten umging. Noch nie hatte ich mit einer Richterin gesprochen. Noch nie hatte ich ein Gefängnis von innen gesehen. Ich wollte auf jeden Fall hingehen.
Am Montag stand ich früh auf. Punkt acht Uhr stand ich vor der Tür der Richterin.
Die Tür war zu. Ich las das Schild an einer weiteren Tür. Ebenfalls ein Richter. Er bog um die Ecke und stieß fast auf mich. Er sagte, die Richterin müsse jeden Augenblick kommen und worum es sich denn handele.
„Ich möchte eine Besuchserlaubnis für meinen Freund im Gefängnis haben."
„Die können Sie auch in Zimmer 202 bekommen, gehen Sie mal da hin."
„Danke."
Ich ging hin. Mehrere junge Frauen saßen im Raum. Ja, ich sei hier richtig, müsse aber trotzdem vorher mit der Haftrichterin sprechen.

Die Richterin war noch immer nicht da. Ich stellte mich ans Flurfenster. Dann eben nicht! Dann besuche ich ihn eben nicht.
Anna, reiß' dich zusammen, sagte ich mir, du sollst nicht immer gleich aufgeben. In mir lebte ein Prinzip, von dem ich mich nur schwer trennte. Es lautete: „Wenn es nicht sofort klappt, klappt es nie."
Während ich aus dem Fenster auf den Hof schaute, traten mir Tränen in die Augen. Absätze klapperten den Flur entlang. Ich sah eine Frau kommen und wischte mir die Tränen aus den Augen.
„Guten Morgen", sagte ich, „sind Sie die Haftrichterin?"
„Ja, guten Morgen."
Sie blieb stehen und blickte genervt.
„Was möchten Sie?"
Ich erklärte mein Anliegen vor ihrer Tür. Sie sah komplett anders aus, als ich mir eine Richterin vorgestellt hatte. Etwas füllig und hausbacken, allerdings gut geschminkt und im Kostüm. Sie sagte, ich könne den Mann nicht besuchen. Der Haftbefehl sei aus Düsseldorf gekommen und er werde schon heute mittag dorthin überführt.
„Ich will ihn ja nur kurz sehen", fiel mir ein, „ganz kurz, fünf Minuten vielleicht, meinen Sie nicht, daß das möglich wäre?"
Die Richterin schloß ihr Büro auf. „Kommen Sie", sagte sie, „wir machen eine Ausnahme."
Sie unterschrieb ein Papier und gab es mir. „Gehen Sie damit in Zimmer 202, dort bekommen Sie die Erlaubnis."
„Ich danke Ihnen."
Es war traurig, daß Karl nun im Gefängnis saß. Auch unwirklich. Ich fühlte, wie ich die Trauer spielte. In Wahrheit frohlockte ich. Ich wollte das sehen. Karl im Knast. Unterwegs zum Polizeipräsidium lächelte ich vor mich hin. Ich kaufte zwei Schachteln Zigaretten. Jetzt mußte ich ihn versorgen. Ich rechnete damit, daß er mir Geld geben würde, oder daß er mir sagte, wo ich in seinem Zimmer etwas finden könnte. Ich rechnete mit einem großen Gewinn. Die Empfangsdame im Polizeipräsidium fragte nach meiner Besuchserlaubnis und zeigte mir den Weg. Die alten Gefängnisbauten aus gelbem Klinker lagen hinter dem Präsidium und waren von der Straße aus nicht zu sehen. Hinter der Eingangstür eines der Häuser war die Pförtnerloge. Ich zeigte meinen Schein. Die Polizistin sagte, ich sei bereits angekündigt.

„Der Herr Karl Roth wird heute Mittag mit einem Transport nach Düsseldorf gebracht, da kommen Sie gerade rechtzeitig, um ihn noch einmal zu sehen."
„Ich will das eigentlich verhindern versuchen, ... zu versuchen", verhaspelte ich mich.
„Tja." Die Polizistin blickte überaus freundlich. „Das ist so ein netter Mann." Sie hatte eine Nummer gewählt und lauschte in den Hörer: „Der Herr Roth bitte in den Besucherraum", sagte sie. „Wie wollen Sie das denn machen?"
„Wie wird das denn praktiziert?" fragte ich, „wird er mit einem Auto dahin gefahren?"
Mein Gegenüber lächelte und schüttelte den Kopf: „Mit einem Transport", sagte sie, „mit einem Zug. Und das dauert mehrere Tage, vielleicht eine Woche. Zuerst fahren sie nach Brandenburg."
Entsetzt kniff ich die Augen zusammen: „Mit einem Transport mit mehreren Häftlingen?"
„Richtig."
Ich stellte mir Viehwaggons vor. Allein das Wort Transport...KZ, Auschwitz, Buchenwald.
„Ist das wahr?"
Sie nickte.
„Was kann man denn da tun?"
„Er kann jederzeit freikommen", sagte sie und beugte sich hinter ihrer Pförtnerscheibe vor. Eine andere Polizistin stand neben mir an einer Glastür. Dahinter begann das richtige Gefängnis. Ich warf ihr einen Blick zu. Auch sie nickte. Die Frauen sahen genau wie die Richterin hausbacken aus, nett, volkstümlich. Die Uniform änderte wenig an diesem Eindruck. Ich fühlte mich wohl. Fast würde ich hier arbeiten wollen. „Mit einer Verfügung würde er sofort auf freien Fuß kommen, das müßte ein Rechtsanwalt veranlassen. Von jedem Punkt des Transportes aus kann Herr Roth freikommen."
„Aha." Ich nickte verständig. „Das mit dem Anwalt, da ist gerade sein Freund dabei", sagte ich.
„Kommen Sie", sagte die Polizistin an der Glastür. Sie schloß auf und brachte mich in den Besucherraum. Nebenan stand ein Kaffeeautomat und ein Zigarettenautomat. „Hier können Sie Zigaretten ziehen", sagte die Polizistin. Ich besichtigte die Räume. Dann kam er. In meiner Vorstellung trug er einen gestreiften Haftanzug. Falsch.

Er trug sein feines Kordhemd und die Zimmermannshosen. Die Polizistin, die ihn brachte, blieb im Raum.
Ich grinste: „Karl", rief ich, ging auf ihn zu und umarmte ihn. Er lächelte schüchtern. Er sah jung und frisch aus. Der Entzug tat ihm gut. „Is'n Ding was?" sagte er.
Ich streckte die Arme und hielt ihn vor mich: „Was hast du dir denn für ein Quartier gesucht?" sagte ich, „da ist ja mein Obdachlosenheim nichts dagegen." Karl lachte schallend. „Das ist wahr", sagte er.
Wir setzten uns an den quadratischen Kantinentisch in der Mitte des Raumes. „Zigaretten", sagte ich, „hier."
„Au, das ist gut", sagte Karl.
„Erzähl mal, was ist passiert?"
„Also paß auf. Der Richter von Düsseldorf-Neuss will von mir dreißigtausend Mark Unterhalt für meinen jüngsten Sohn, Nachzahlung, ich verhandle schon Monate mit ihm, mit dem Richter, der Junge hat ja auch noch 'ne Mutter. Kein Problem, ich habe das Geld."
„Warte mal", sagte ich, „ich verstehe nur Bahnhof. Wieso bist du denn verhaftet worden?"
„Weil ich nicht gezahlt habe deshalb. Aber die Haftrichterin hier in Potsdam, das is'n Ding, ich hab' ihr Kaution angeboten, hat sie nicht genommen, verstehst du. Ich habe ja das Geld, ich habe es gerade abgehoben, ich hatte sogar den Kontoauszug bei mir. Den wollte sie gar nicht sehen. Ich durfte nicht mal telefonieren, stell' dir das mal vor. Das mußt du dir vorstellen."
„Ja", ich nickte. „Du hast da mit Geld rumgewedelt", sagte ich, „das vertragen wir hier im Osten nicht."
„Ha! Daß ich nicht lache", sagte Karl.
„Egal, erzähl weiter."
„Fischer hat ihr auch Kaution angeboten, hör' mal Anna, das ist ganz was Normales. Kaution, falls du nicht gerade jemanden umgebracht hast."
„Wegen Unterhalt bringen sie einen ins Gefängnis, ich verstehe das sowieso nicht", sagte ich.
„Wenn es um Geld geht, gibt's kein Pardon."
„Du meine Güte." Ich schüttelte den Kopf. „Ich rauche mal eine von deinen."
Ich nahm mir eine Zigarette. Die Wärterin lächelte, als ich zu ihr sah. Sie saß neben der Eingangstür.

„Jetzt wollen die dich in den Westen transportieren", sagte ich, „wir müssen dich bis heute Mittag hier raus haben, Fischer sagt, er macht das, er besorgt jetzt gerade einen Anwalt."
„Ja", sagte Karl, „das wird schon klar gehen."
Ich stand auf, weil die Besuchszeit um war.
Karl wandte sich an die Wärterin: „Die Baustelle muß ja weitergehen, zehn Arbeiter warten auf mich, die haben ja nichts zu tun. Das will die Richterin doch nicht verantworten, denke ich, daß die arbeitslos werden?"
„Das wäre nicht gut", sagte die Wärterin, „was bauen Sie denn?"
Karl stand auf. „Wir bauen Einfamilienhäuser, Doppelhäuser, draußen im Umland."
„Ich habe ein Grundstück", sagte die Wärterin. „Wir wollen ein Haus bauen lassen. Pst." Sie legte sich den Finger an die Lippen und sprach leiser weiter. „Wir suchen schon lange ein günstiges Angebot."
„Da sind Sie bei mir goldrichtig."
Ich lachte und setzte mich wieder hin. Die Wärterin gab mir ihre Adresse und Telefonnummer.
Draußen auf dem Flur verabschiedeten wir uns. „Ich habe das Geld gut versteckt", flüsterte Karl mir zu, „morgen feiern wir."
„Ja."
Die Polizeidamen waren zusammengelaufen und meinten alle, er würde schon freikommen, wenn nicht heute dann morgen.
„Rufen Sie um zwei Uhr bei mir an", sagte die Pförtnerpolizistin. Sie schob mir die Telefonnummer unter dem Fenster durch.
Als ich nach meinem Besuch im Knast in die Villa kam, packten die Polen und andere Leute Kisten in den Büros. Ich sah nach Fischer, fand ihn aber nicht. Ein deutscher Mitarbeiter sagte mir, daß die Villa geräumt werden müsse.
„Heute?" sagte ich.
„Bis zum Monatsende, die Erbengemeinschaft hat das Haus zurückbekommen und will es für vier Millionen verkaufen, Fischer würde nur eine Million zahlen, also ziehen wir aus."
„Und wohin?"
„Fischer hat die Villa nebenan gemietet, die untere Etage, wir ziehen bloß um die Ecke."
Ich lief nach oben in unser Zimmer. Im Treppenhaus traf ich Pawel. Er fragte nach Karl.

„Im Krankenhaus", log ich, „er muß noch ein paar Tage bleiben."
„Ist das wahr?" sagte Pawel. Ich nickte.
Im Zimmer sah ich mich um. Ich öffnete Schubladen und Schranktüren. Ich suchte das Geld. Auf dem Nachtschrank lag ein Fremdwörterbuch. Ich hob den Nachtschrank an, blickte drunter. Ich kniete mich neben den Schreibtisch und faßte in den schmalen Spalt zwischen Rückwand und Zimmerwand. Mein Herz klopfte. Ich fand zwei Pullover im Kleiderschrank, die mir gehörten. Ich warf sie auf das Bett. Dicht an dicht hing Karls Kleidung im Schrank. Schnell griff ich in alle Taschen von Hosen und Jacketts. Nichts. Ich rechnete jeden Augenblick mit Fischer oder einem Polen, jemand, der Karls Zimmer ausräumen würde. Ich gab auf. Setzte mich auf das Bett. Es war zwei Uhr. Ich wußte, daß ich jetzt im Knast anrufen sollte. Ich hatte keine Lust. Mein Blick fiel auf den weißen Kachelofen. Ich stand auf, kniete mich vor den Ofen, der auf vier Füßen stand, und sah unter ihn. Ganz hinten an der Wand konnte ich etwas erkennen. Es war zu dunkel, um zu sehen, was es war. Ich konzentrierte mein Gehör in Richtung Flur. Ich brauchte einen Stock, um an das Ding unterm Ofen zu kommen. Ich ging hinaus. Niemand war zu sehen. Am Ende des Flures gab es eine Besenkammer. Aber sie war verschlossen. Ohnehin machte ich mich mit einem Besen in einem Zimmer mit Teppichboden verdächtig. Ich kehrte zurück, legte mich flach vor den Ofen, streckte den Arm und langte zum Gegenstand hin. Ich berührte ihn mit den Fingerspitzen. Es war Metall oder Holz. Etwas Hartes. Ich stand auf und nahm das Fremdwörterbuch mit zum Ofen. Mit dem Buch schob ich den Gegenstand nach rechts. Es schepperte leise. Es war Metall. Eine Kassette. Mein Herz klopfte. Es war tatsächlich eine Geldkassette, eine kleine. Ich schob sie ein Stück zurück, sprang auf und warf das Buch auf das Bett. Ich sah auf dem Flur nach und holte dann die Kassette, steckte sie zusammen mit dem Buch in eine Plastetüte und verließ umgehend das Haus. Ich lief die Straße bergab und dachte fieberhaft darüber nach, wohin ich mit meinem Schatz gehen könnte. Die beste Idee war das Obdachlosenheim. An der Bushaltestelle spürte ich meine Ungeduld. Die Kassette war verschlossen. Und ich würde zum ersten Mal mein Zimmer verschließen. Eine Kassette paßte irgendwie nicht zu Karl. Aber vielleicht war das sein Trick. Ich rief erst um fünf Uhr im Gefängnis an. Karl war auf Transport. Bis dahin hatte ich die Kassette nicht angerührt. Sie lag unter dem Kopfkissen. Mein Radio lief,

die Tür stand offen. Meine Nachbarn waren weggegangen. Wie früher, wenn ich einen wichtigen Brief oder ein Päckchen bekommen hatte, erhöhte ich nun die Spannung, indem ich andere Beschäftigungen vorschob. Einen Abwasch, in Ruhe Kaffee kochen, den Tisch aufräumen, den Blumen frisches Wasser geben. Die Kassette stand auf dem Tisch.

Toni saß in seinem Büro am Schreibtisch. Es war ein niedriger Raum mit nackten Holzdielen.

Kein Anstrich, kein Lack. Die vordere Hälfte war Büro mit Regal, Schreibtisch, Computer, Drehstuhl. Die hintere Hälfte war der Wohn- und Schlafraum. Ein niedriger Tisch mit einer Glasplatte, drei leichte Stühle, ein Sofa. Das Sofa zog er nachts auseinander. Es wurde zum Doppelbett. Dazu mußten Tisch und Stühle weggeräumt werden. Neben dem Fenster auf der Erde stand eine Musikanlage. Toni hatte sie vor kurzem gekauft. Stolz zeigte er mir die Fernbedienung und führte sie vor.

„Soll ich dir mal was sagen?“ sagte ich.

„Ja.“

Im nächsten Moment ging die Tür auf. Viola, die Architektin. Ich saß auf dem Sofa und stellte die Kaffeetasse auf den Tisch.

„Hallo“, sagte ich.

Sie nickte und lächelte. „Hast du Zeit?“ sagte sie zu Toni.

Er blickte eiskalt. „Ist es wichtig?“

„Ja“, sagte sie, drehte sich um und knallte die Tür zu.

Toni zuckte mit den Schultern und hob die Augenbrauen. „Meistens hat sie keine Zeit.“

„Karl ist im Knast“, sagte ich.

„Was?“ Toni starrte mich an. Sein Mund blieb offen.

„Er ist im Knast, verhaftet, er sitzt.“

„Wußte ich doch.“

„Was wußtest du?“

„Alles Verbrecher, diese Westheinis, alles Verbrecher.“

Ich lachte. „Bist du schon wieder neidisch?“ sagte ich. „Du darfst es niemandem erzählen, Toni, hörst du, niemandem!“

„Wem soll ich denn was erzählen?“

Stimmt, Toni war ein Einzelgänger.

Gern hätte ich ihm von der Geldkassette erzählt, aber ich fand, diese Tat werfe ein zu schlechtes Licht auf mich.

Wenn ich daran dachte, wurde ich wütend. Zugleich war ich aber auch erleichtert. In der Kassette war kein Geld gewesen, nur alte Quittungen und Rechnungen.
Karl saß in Düsseldorf. Fischer behauptete, an seiner Befreiung zu arbeiten, was ich irgendwie nicht glaubte.
Toni lud mich zum Essen ein, und ich erzählte ihm die Story.
Sieben Wochen saß Karl im Knast. Loretta meinte, ich solle ihn besuchen oder wenigstens ein Päckchen schicken. Sie schüttelte verständnislos den Kopf.
„Ich gebe dir Geld", sagte sie. „Du kannst doch den Mann da nicht hängenlassen."
Ich konnte.
Ich schrieb auch keinen Brief.
„Ich glaube, er kann nicht lesen", sagte ich.
„Anna, du übertreibst."
„Ich meine damit, daß er nichts davon hält, lesen und schreiben, er hat überhaupt keine Buchhaltung gemacht."
„Eine schwache Ausrede", sagte Loretta lächelnd.
Ich besorgte mir eine kleine Wohnung und betrachtete die Episode „Reicher Mann sucht junge Frau" als beendet. Ich arbeitete als Kellnerin und gab mir einen Monat Bedenkzeit für meine Zukunft.
Als Karl zurück kam, hatte er sich verändert. Er war still und betrübt. Ich war neugierig auf die Geschichte vom Unterhalt. Ich hatte es nicht verstanden. Und ich wollte wissen, was er im Knast getan hatte. Karl glaubte, daß hinter seiner Verhaftung Leute steckten, die Juden und Kommunisten hassen. Ich fragte mich nun ernsthaft, mit wem ich mich da eingelassen hatte. Es war Sommer. Wir saßen im Hof unseres Stammlokals unter Weinlaub. Karl trank Cola, und aus Solidarität trank ich Tee statt Wein.
„Aber ich denke, deine Mutter war Korsin?"
„Meine Mutter, ja", sagte er, „aber mein Großvater war Jude und Kommunist."
„Richtig", sagte ich. „Aber wie war das jetzt mit dem Unterhalt, du warst geschieden und deine Kinder sind zu dir gezogen."
Karl hatte vier Kinder. Sie waren klein, als die Ehe geschieden wurde und die Mutter zu einem anderen Mann zog. Als der erste Sohn dreizehn war, zog er zu Karl, der zweite folgte nach, die Tochter ebenfalls. Karl hatte eine junge Freundin. Als das vierte Kind zu ihnen ziehen wollte, war sie überfordert. Der Jüngste kam zu Pflegeeltern. Das

hatte er Karl nie verziehen. Nun klagte er den Unterhalt gerichtlich ein. Karl hatte die Zahlungen eingestellt, als der Junge den Namen der Pflegeeltern angenommen hatte. Das war die Geschichte. Jetzt verstand ich.
„Geld ist bei euch heilig“, sagte ich, „das hat doch mit Juden und Kommunisten nichts zu tun.“
Karl winkte ab. „Komm, du hast da nicht den Durchblick.“
Toni gesellte sich zu uns.
„Darf ich“, sagte er.
„Komm’ her“, sagte Karl.
„Und wie war es im Knast?“ fragte ich.
Karl sah mich mit einem seltsamen Seitenblick an.
„Ich habe kein Vertrauen mehr“, sagte er nach einer Pause. „Zu niemandem.“
Ich wußte sofort, was er meinte.
Aber er sprach von seinen großen Söhnen. Nicht von Peter Fischer, nicht von mir.
„Ich bin hierher gekommen, um Häuser zu bauen“, sagte er und hob die Hände.
„Laßt mich alle in Ruhe. Ich will keine Beziehung, nichts.“
„Du meinst mich“, sagte ich.
Er nickte kurz. „Ich kann nicht mehr, verstehst du, ich kann nicht mehr, und ich will nicht mehr.“

7. Kapitel

ATLANTIK. Ich legte mein Notizbuch auf den Tisch, schlug es auf und notierte: Plan 2000.
Ich möchte in Frankreich leben. Am Atlantik. Ich habe eine kleine Wohnung zu ebener Erde. Ich sehe durch das Fenster die riesigen Malvenblüten. Ich habe einen Garten, eine große Flügeltür. Kamine in jedem Raum. Draußen um das Grundstück eine niedrige Mauer aus Feldsteinen. Blick zum Ozean.
Ich schreibe Bücher. Ich liebe einen Mann. Ein Hund wedelt mit dem Schwanz, wenn er mich sieht. Toni soll immer noch mein Freund sein.
Einen Job am Atlantik wollte ich sofort suchen. Ich würde die Anzeigen in der Lokalzeitung lesen und das Restaurant von Marie besuchen, um mich mit ihr anzufreunden. Später wollte ich zurückfahren, um mich bei den Ämtern abzumelden.
Ich weihte nur Toni in meinen Plan ein. Er sagte, er würde mich gern mit dem Auto hinbringen, um ein paar Tage Urlaub zu machen, sei aber im Moment unabkömmlich und käme ein paar Tage später.
Ich wollte zunächst drei Wochen auf der Insel bleiben. Beim Reisebüro kaufte ich mir ein Ticket für 129 Mark mit dem Linienbus nach Paris. Ich packte die Tasche. Ein Buch von Hemingway. Walkman und Kassetten. Einige Kleidungsstücke, ein Aufnahmegerät, Schreibzeug, Waschzeug und die letzte Ausgabe der „Wochenpost".
An einem Sonntag im Juli brachte Toni mich nach Berlin zum Zentralen Omnibusbahnhof.
Abfahrtzeit war sechzehn Uhr. Am Sonntagmorgen hatte ich Lampenfieber bekommen. Ich fand es plötzlich doch recht gewagt, allein quer durch Europa zu reisen. Angst befiel mich. Die Nachrichten von übermüdeten Busfahrern häuften sich in letzter Zeit.
Als wir am Busbahnhof vorbeifuhren, um einen Parkplatz zu suchen, kamen weitere Zweifel. Kein Bus weit und breit, keine Leute. Ich fragte Toni, ob heute wirklich Sonntag sei. Ob die Uhren stimmten. Der Ort. Ist das hier Berlin? Wenn nicht, um so besser, tröstete ich mich, dann muß ich nicht mit dem Bus fahren und keine Angst um mein Leben haben.
Ich ging in die Schalterhalle und erkundigte mich, ob es richtig sei, daß um vier ein Bus nach Paris führe. Der Mann hinter dem Schal-

terfenster nickte freundlich. Gut. Es waren noch anderthalb Stunden Zeit. Wir blickten uns nach einer Kaffeestube um. Rechts ein Steak Haus, links eine gläserne Imbißbude. Wir wählten den Imbiß. Auch hier kein weiterer Gast. Ich nahm die Karte von der Theke.
„Lassen Sie bitte die Karte liegen", sagte die blonde Frau.
„Oh, Pardon." Ich flüsterte Toni ins Ohr: „Ist wie in der DDR hier, stimmt's?"
Er nickte. Wir setzten uns an einen Tisch und warteten. Sie kam und sagte: „Ach, hier liegt ja gar keine Karte." Sie nahm die Karte von der Theke und gab sie uns. Ich hatte plötzlich großen Hunger. Es gab Bockwurst, Boulette, Bratwurst, Schnitzel. Mit Brot. Mit Salat.
Ich sagte zu Toni: „Ich hätte nicht gedacht, daß es im Westen Bockwurst und Bouletten gibt."
Ich entschied mich für eine Boulette mit Salat und Kaffee.
„Jedenfalls wird es das in Frankreich nicht geben", meinte Toni.
„Wer weiß."
Durch die große Scheibe sah ich einen Bus über den Platz rollen. Aus dem Nichts tauchten Leute auf. Das Reiseziel war die Nordsee. Wir beobachteten, wie die Passagiere das Gepäck abgaben und bezahlten.
„Das ist wieder typisch Kapitalismus", sagte ich. „Man denkt, man reist billig, und dann zahlt man Gepäck und jeden Service extra."
Toni grinste mir ins Gesicht.
„Du mit deiner Schadenfreude", klagte ich.
Ich sorgte mich. Ich war unruhig. Wir tranken einen zweiten Kaffee, und dann wollte ich an meinen Bussteig.
Einige Leute hatten sich eingefunden, das gab mir Vertrauen. Als ich unseren Bus fast lautlos herbeifahren sah, wuchs meine Zuversicht. Er sah wunderschön aus. Ein Doppelstockbus, weiß mit türkisfarbener Schrift. BRÜSSEL-LONDON-PARIS. Zwei junge Menschen saßen im Bug. Der Busfahrer war ein kleiner Franzose. Er verstaute das Gepäck in den Fächern unter dem Bus. Es kostete nichts. Meine Tasche durfte ich mit in den Bus nehmen. Die Nummer zwei saß bei der Tür im Bus mit der Passagierliste und hakte jeden ab, der einstieg und sein Ticket vorlegte.
Oben würde ich auf keinen Fall Platz nehmen, zu gefährlich. Mit einem schnellen Blick entschied ich mich für unten in Fahrtrichtung Mitte links. Die Sitze dort grenzten an die Bordtoilette. Hier fühlte ich mich eingepackt in Sicherheit. Ich verabschiedete mich von Toni ohne Kuß und ohne Umarmung. Toni lächelte verlegen. „Ich kom-

me demnächst nach“, sagte er. „Ich beneide dich jetzt schon.“ Ich lächelte unsicher. Dann setzte ich mich hin, stellte die Reisetasche neben mich auf den freien Platz. Ich wollte wie jeder andere keinen Nachbarn haben.
Toni winkte einmal kurz und ging weg. Es ist war genau sechzehn Uhr, und es kamen immer noch Leute angerannt. Die Mitreisenden gefielen mir. Einige Franzosen und Deutsche, sie sahen wie Studenten, Akademiker und Dienstreisende aus. Einige Schwarze darunter, was mein Auge besonders erfreute. Trotzdem wünschte ich keine Unterhaltung während der Fahrt.
Wie früher in der Schule, wenn ich nicht dran kommen wollte, sah ich nach unten, um jeden Blickkontakt zu vermeiden. Ich nahm mein Buch aus der Tasche und schlug es auf. Ich setzte die Kopfhörer des Walkmans auf, ließ ihn aber ausgeschaltet. Dann endlich brummte der Motor leise, die Türen schlossen automatisch, der Bus rollte lautlos über den Platz. Mein Herz machte einen Sprung. Ich drückte auf den Kassetten-Knopf und die Musik von Supertramp setzte ein. Wie ein Koloß, dem die Hektik des Stadtverkehrs gleichgültig ist, schob sich der Bus an die nächste Kreuzung, wartete auf Grün und fuhr weiter auf die Stadtautobahn. Als rollten wir auf die Startbahn ins All. Es begann zu nieseln.
Ich hatte keinen Proviant mitgenommen, keine belegten Brötchen, kein Obst. Vergessen. Im Bus konnte man Cola und Kaffee kaufen. Die Begleiterin begrüßte uns über das Mikrofon. Bei Hannover würden wir eine drei viertel Stunde Rast machen, ein zweiter Busfahrer käme hinzu, morgens um sechs wären wir in Paris am Gare du Nord. Ein Unternehmen, das sich zwei Busfahrer leistete, das war mehr, als ich erhofft hatte.
Als die Durchsage in drei Sprachen beendet war, setzte ich die Kopfhörer wieder auf, hörte die Musik und sah aus dem Fenster auf den Autobahnverkehr. Die ersten Gerüche verbreiteten sich nacheinander und vermischten sich. Bitterer Kaffeeduft, frisches Körnerbrot und grüne Gurke. Später gesellte sich die unvermeidliche Banane hinzu. Einige Leute unterhielten sich, einige arbeiteten an Texten. Einige lasen, einige schliefen bereits. Auf der Gegenfahrbahn war gerade ein Unfall passiert. Sie hatten Stau. Wir fuhren vorbei, und ich beobachtete die Fahrzeuge, die uns nun entgegenkamen und noch nicht ahnten, daß sie gleich auf den Stau geraten würden. Ich sah deren Zukunft. Das überforderte mein Denkvermögen. Wenn man

also aus der entgegengesetzten Richtung kam, sah man die Zukunft der anderen.
Und dann erfuhr ich auch vom Nachteil meines sicheren Platzes. Immer, wenn hinter mir die Klotür geöffnet wurde, kam ein Schwall tödlich konzentrierten Zitronenduftes in meine Nase. Vielleicht würde ich beim nächsten Mal den Mut haben, oben in der Mitte zu sitzen, und beim übernächsten Mal oben vorn. Als Kind in den fünfziger Jahren hatte ich gern oben vorn gesessen, als es in Ostberlin noch die gelben Doppelstock-Busse gegeben hatte.
Ich schloß die Augen und dämmerte vor mich hin, bis wir die Raststätte erreichten.
Im Morgengrauen fuhren wir durch Paris. Ich war müde und wie erschlagen. Ich wollte schlafen. Ich wollte jetzt nicht ankommen, aussteigen und mich um die Weiterfahrt kümmern müssen. Wie schön wäre es jetzt zu Hause in meinem Bett, dachte ich. Ich wußte, das dachte ich jedesmal am Anfang einer ungewissen Reise. Nun stand ich auf der Straße neben dem Bus, als wäre ich gegen meinen Willen ausgesetzt worden. Keine Spur von Lust auf meine Zukunft in Frankreich. Ich schulterte meine Tasche und lief absichtlich in die entgegengesetzte Richtung, anders als die meisten Passagiere. Es war ein Umweg über die Brücke und die Gleisanlagen, am Güterbahnhof vorbei in Richtung Bahnhofsgebäude. Vor zwei Jahren hatte ich am Gare du Nord in einem Bistro die ersten Schnecken meines Lebens gegessen. Ich wollte es wiederfinden, um zu frühstücken. Ich erinnerte mich plötzlich an etwas, das ich jahrzehntelang vergessen hatte: 1971 auf dem Abiturball hatte ich mich von einer Klassenfreundin für lange Zeit verabschiedet. Wir schlossen eine Wette darüber ab, wer von uns beiden zuerst Paris sehen würde. Es war also kein Zufall, dachte ich. Damals schon war es Frankreich. Nicht Rom, nicht Athen. Die Schulfreundin jedoch sah Paris vor mir, sie hatte die DDR kurz nach dem Abitur im Kofferraum eines Diplomatenautos verlassen.
Am Gare du Nord lag ein Bistro neben dem anderen. Ich ging in das nächstgelegene. Der Patron spritzte vor dem Café zwischen Tischen und Stühlen den Bürgersteig mit einem Wasserschlauch ab, schrieb mit Kreide das Angebot auf eine Tafel und grüßte, als ich eintrat. Ich nahm einen Espresso und ein Croissant.
Vom Gare du Nord aus fuhr kein Zug nach La Rochelle, ich mußte mit dem Bus zum Gare d'Austerlitz. An einem Park mit duftenden

blühenden Bäumen und Sträuchern stieg ich aus dem Bus. Ein Penner lag direkt unter einer Ampel an der Straße. Warum legt sich ein freier Mensch in die Abgase eines Stadtzentrums, dachte ich.
Auf dem Bahnhof sah ich, daß in drei Minuten mein Zug fahren würde. Ich hetzte zum Schalter, um eine Fahrkarte zu kaufen und schaffte es. Der Zug war ein älteres Modell mit geschlossenen Sechser-Abteilen. Er war halb leer. Ich ging in ein Abteil, in dem eine Dame höheren Alters mit einem unwahrscheinlich dicken großen Buch saß. Sie nickte mir weise zu und las weiter.
Ein paar Minuten hinter Paris, nachdem ich eine Zigarette draußen im Gang geraucht und aus dem Fenster gesehen hatte, legte ich mich auf meine Bank, die Tasche unter dem Kopf und schlief bis fast zum Atlantik.
Mittags, auf dem Platz vor dem alten Bahnhofsgebäude von La Rochelle, war ich noch immer müde. Die Sonne schien; es war heiß. Der Platz war voller Leute. Junge Menschen, Ehepaare, Alleinreisende. Ich spürte Hunger. Appetit auf ein französisches Menü. Ich wollte aber durchhalten bis zur Insel. Der Bus auf dem Vorplatz war mit blauer Schrift und großen Meereswellen angemalt. Ich stellte mich an und drängelte mit den anderen zusammen hinein. Wie überall auf der Welt in den Städten nahe am Meer, stellte sich das Urlaubergefühl ein. Der Busfahrer begrüßte beinahe jeden Passagier einzeln, machte Witze und lachte. Wir fuhren durch die Innenstadt, deren sämtliche Gebäude riesig und aus weißem Stein gebaut waren, am alten Hafen vorbei, auf die Stadtautobahn, durch ein Industriegelände hin zu der weltberühmten Brücke; drei Kilometer lang im Bogen elegant geschwungen. Es herrschte eine Atmosphäre wie an einem wichtigen Grenzübergang. Große Schilder über der Straße, Hinweise auf die Zahlstationen. Die Überfahrt kostete für einen PKW sechzig Francs. Es war ein herausragendes Gefühl, hier vom Festland auf die Insel zu wechseln. Der Atlantik lag ruhig in der Sonne. Drüben auf der Insel konnte man den ersten langen Sandstrand sehen. Ich konzentrierte mich auf die Ortsschilder. Mir fehlte die genaue Erinnerung an Saint Martin. Zuerst fuhren wir durch Rivedoux, dann Saint Marie. Ich wollte keinesfalls zu früh oder zu spät aussteigen, ankommen ohne Verzögerung, am richtigen Ort. Zur richtigen Zeit.
Ich bog am Hafen ein und ging am Quai entlang direkt auf die Terrasse von Maries Restaurant. Ich wollte keinesfalls den Eindruck

erwecken, ich sei fremd hier. Ich stellte die Tasche ab, zog die weiße Leinenjacke aus und setzte mich unter die blau-weiß-gestreifte Markise. Ein junger Mann kam heraus. Er trug ein kariertes Hemd und lächelte mich an. Ich bestellte einen Kaffee. Als er ihn brachte, fragte ich, ob er deutsch spreche. Nein, sagte er, aber die Chefin, er wolle sie holen. So hatte ich es mir gedacht, und bisher lief es nach Plan.

Marie betrat die Terrasse, blieb stehen und blickte in meine Richtung. „Guten Tag", sagte sie und stellte sich neben meinen Korbstuhl, „Sie möchten mich sprechen?"

„Ja", sagte ich. „Ich würde mich freuen, wenn Sie einen Moment Zeit hätten und sich zu mir setzen könnten."

„Worum handelt es sich?"

„Sie sind in Halle geboren, stimmt's?"

Marie setzte sich. „Ja, das ist richtig." Sie blickte mich verwundert an. Sie war etwa zehn Jahre älter als ich. Eine gut gekleidete, gepflegte Dame, und jetzt erschien es mir etwas sonderbar, was ich mir ausgedacht hatte.

„Ich bin ebenfalls in Halle geboren, ich war vor zwei Jahren einmal bei Ihnen, mit meinem Freund."

„Aha." Sie nickte freundlich, und mir wurde klar, daß es nicht ausreichte, in Halle geboren und schon einmal hiergewesen zu sein.

„Ich möchte ein Interview mit Ihnen machen, über eine Deutsche in Frankreich."

„Ah. Interessant. Für welches Journal?"

Für welches Journal? dachte ich überrumpelt. Ich öffnete meine Tasche und zauberte die „Wochenpost" hervor. „Für die hier", sagte ich.

„Sind Sie Journalistin?"

„Ja", sagte ich.

„Aha."

„Ich würde Ihnen gern die Zeitung hier lassen und komme heute abend wieder, bis dahin können Sie es sich ja überlegen; erst mal muß ich mir sowieso ein Quartier besorgen."

„In Ordnung", sagte Marie. „Ich werde die Zeitung nachher am Strand ansehen."

Mein Hunger hatte mich verlassen.

Ich wollte ein möglichst billiges Zimmer mieten, um genügend Geld für Restaurants übrigzubehalten. In einer der Gassen, die strahlenförmig vom Hafen in den Ort führten, ein wenig bergauf, fand ich das richtige Hotel. Zunächst wollte ich schlafen, dann etwas essen. Das Zimmer kostete für eine Nacht einhundertfünfzig Francs. Ich legte mich auf das Doppelbett, zog die Wolldecke über mich und schlief ein.

Am frühen Abend ging ich am Hafen entlang zu Marie. Es dämmerte, die Laternen waren angegangen, die Flut kam und füllte das Hafenbecken. Die Boote schaukelten leicht. Am Hafen lag ein Hotelrestaurant am anderen, dazwischen eine Crèperie, eine Eisdiele, einzelne Läden.

In jedes dieser Restaurants wollte ich einmal essen gehen. In den meisten von ihnen gab es Meeresspezialitäten, Hummer, Krabben, Muscheln, Schnecken, Krebse. Vierstöckige Etagèren mit all diesen Köstlichkeiten, in dunkelgrüne feucht schimmernde Algen gebettet, Zitronenstücke dazwischen, Austern. Aber heute Abend wollte ich bei Marie essen. Marie liebte den Fisch, das wußte ich von unserem ersten Besuch auf der Insel. Fisch war ihre Spezialität. Fisch mochte ich weniger. Deshalb bestellte ich Austern und einen Salat mit Apfelscheiben und dünnen geräucherten Schinkenstreifen. Dazu eine kleine Flasche weißen Bordeaux. Die Flasche war kalt und feucht beschlagen. Marie kam später die Treppe herunter, besprach etwas am Tresen und setzte sich dann zu mir. Sie trug ein rotes Kostüm, und jetzt fiel mir auf, wie klein und zierlich die Frau war. „Ich habe die Wochenpost gelesen", sagte sie. „Interessant, eine seriöse Zeitung. Entschuldigen Sie mich einen Moment, ich bin gleich zurück."

Marie ging nach hinten zur Küche, um nach dem Rechten zu sehen.

Wieso seriös, dachte ich, was meint sie damit?

Jedesmal, wenn eine Speise fertig war, wurde mit einer Glocke gebimmelt, die den Kellner informierte. Der junge Mann vom Mittag stand jetzt hinter dem Tresen und machte die Bar. Ich beobachtete ihn. Sein Name war David. Später schlug Marie vor, das Interview morgen am Nachmittag zu beginnen.

Am nächsten Vormittag ging ich in eine Hafenbar. Mein Frühstück bestand aus drei großen Tassen Kaffee. Ich schrieb meine Träume ins Notizbuch. Danach ging ich am Hafen spazieren. Ich betrachtete die Leute und langweilte mich. Es wird mir ergehen wie dem Mädchen aus Eric Rohmers Film „Das grüne Leuchten", dachte ich. Ich werde mich drei Wochen langweilen und darauf hoffen, daß etwas Besonderes passiert. Und nichts wird passieren, gar nichts. Was will ich hier, dachte ich, was soll ich machen? Einen solchen Zustand auszuhalten, fiel mir schwer. Ich hatte keine Ahnung, welche Fragen ich Marie stellen sollte. Ich fühlte mich leer und ohne Sinn.

Im Zeitungsladen kaufte ich eine Telefonkarte, dann ging ich in eine Telefonzelle und rief Deutschland an. Toni war sofort am Apparat, klar, laut und störfrei hörte ich seine Stimme über zweitausend Kilometer hinweg.

„Hol' mich ab", flehte ich.

„Wo bist du?"

„Na hier, am Atlantik", sagte ich.

„Wie ist das Wetter?"

„Sommerlich."

„Wie ist der Atlantik?"

„Der Atlantik schweigt. … Ich will nach Hause."

„Du bist doch erst zwei Tage dort", sagte Toni lachend.

„Zwei Tage?"

„Zwei Tage."

„Das glaub ich nicht." Ich sah durch das Glas der Telefonzelle nach draußen. „Ich halte das hier nicht aus, ich langweile mich, jedenfalls mache ich heute nachmittag das Interview."

„Was für ein Interview?" fragte Toni. Endlich konnte ich mich jemandem anvertrauen. „Es ist mir peinlich", sagte ich. „Aber mir ist nichts anderes eingefallen, um Kontakt zu bekommen."

„Mit wem machst du ein Interview?"

„Mit der Frau, die wir vor zwei Jahren hier kennengelernt haben, mit der Deutschen."

„Was für ein Interview?"

Ich fühlte, daß Toni kein Wort begriff. Das Guthaben meiner Telefonkarte schwand rapide. Ich mußte mich kürzer fassen.

„Wann kannst du mich abholen?"

„Im Moment auf keinen Fall, ruf' mich morgen noch mal an, dann plane ich das irgendwie ein."

„Es ist furchtbar als Tourist herum zu laufen, ich werde mich zu Tode langweilen", wiederholte ich.

Nach dem Telefonat ging es mir besser. Das Problem war durch den Hörer verschwunden. Ich kehrte ins Hotel zurück, zog die Schuhe aus, stieg in die Mitte des Bettes, nahm einen Schneidersitz ein, schlug das Notizbuch auf und notierte Fragen, die ich Marie stellen wollte.

1. Wann und warum sind Sie aus Deutschland weggegangen?
2. Wie haben Sie sich Ihre Zukunft vorgestellt?
3. Wie kamen Sie auf diese Insel und dazu, ein Restaurant zu führen?

Drei Fragen genügten für den Anfang, der Rest würde sich ergeben aus ihren Antworten. Zuversichtlich notierte ich anschließend meine Wünsche an die nächste Zukunft:

1. Ich will sofort einen Job
2. Ich will eine Romanze
3. Marie soll meine Freundin werden

Ich hatte keine Uhr mitgenommen. Ich sah aus dem schmalen Hotelfenster zum Hafen, zum Himmel. Mit dem Aufnahmegerät und zwei Kassetten verließ ich mein Zimmer.

„Jetzt wird es ernst", sagte Marie. Von drei bis sechs Uhr war das Restaurant geschlossen. In dieser Zeit pflegte Marie an den Strand zu gehen. Ich fühlte mich bereits in Saint Martin beschäftigt. Etabliert und wohlsituiert etwa wie eine Angestellte des Bürgermeisters. Eine Weile würde ich mit dieser Illusion durchkommen. Marie bot mir das Du an, und zur Probe sagte sie: „Darf ich dir einen Kaffee spendieren?"

„Gern", sagte ich. Das Aufnahmegerät lag auf dem Tisch zwischen uns. Ich drückte den Knopf und sagte. „Also, fangen wir an." Meine Stimme klang fremd.

Ich erfuhr, daß sie als Kind gleich nach dem Krieg aus Halle nach Westdeutschland gezogen war, mit achtzehn nach England zum Journalistikstudium ging, einen Franzosen aus Lyon kennenlernte, ihn heiratete, und von da an in Frankreich, zunächst in Paris, lebte. Sie hatte drei Töchter und einen Sohn geboren, die inzwischen erwachsen waren. Steve, der jüngste, diente gerade bei der Armee und wollte anschließend in das Bankgeschäft seines Vaters eintreten. Die Töchter im Studium, in der Werbung, im Journalismus. Maries Mann war dabei, eine Bank im Nahen Osten zu eröffnen. Über ihn wollte sie zunächst schweigen. Sie winkte nur ab und murmelte: „Mistkerl."

Jahrelang waren sie mit den Kindern auf die Insel gekommen, im Urlaub. 1989 hatte sie sich das Haus gekauft, umgebaut, oben die Wohnung, unten das Restaurant. Am Ende des Interviews fragte ich sie, warum sie die „Wochenpost" als seriös bezeichnet hatte. Es war

meine Lücke. Es stellte sich heraus, daß ich mich in der neuen Gesellschaft noch nie mit dem Zeitungsmarkt beschäftigt hatte.
Am Abend spendierte David mir ein Kännchen Tee, später Wein. Ich notierte es ins Tagebuch, denn es war wichtig, die Schritte verfolgen zu können, die mich in die Inselfamilie brachten. Mir war schleierhaft, warum es so schnell ging. Konnte hier jeder kommen und wegen eines Interviews umsonst trinken? Wein für Wein kratzte ich mich ein. Ich beobachtete Marie. Es war wichtig, ihr zu zeigen, daß ich bezahlen konnte. Augen und Ohren offenhalten, falls es einen Job gab. David nur im Notfall benutzen. Außer ihm arbeiteten noch drei andere junge Männer hier, zwei in der Küche, einer, Stephan, als Kellner. Er schien neu zu sein. Er suchte in den Kühlfächern dies und jenes. Er war stets gut gelaunt, trug eine Baseballmütze, pfiff, sang, alberte und hampelte herum. Wenn er etwas erzählte, lachten alle, die da waren. Marie und vier Männer. Während des Interviews hatte ich sie gefragt, ob sie lieber mit Männern zusammenarbeite.
„Ja."
Genau wie ich.
Maries Restaurant war eine Mischung aus Salon, Galerie und Antiquitätenkabinett. Im hinteren Teil führte ein Gang zum Hof. Der Gang war als Wintergarten umfunktioniert, Gewächshausglas als Überdachung, Oleander, Zitronenbäume, Weinstöcke an den Wänden bis unter die Decke. Im vorderen Restaurant ein großer Kamin, Ölgemälde, die zum Verkauf angeboten wurden, Biedermeiermöbel, eine Waschkommode aus dem 18. Jahrhundert. Die Überzeugung, den richtigen Ort gefunden zu haben, ließ mich ruhig werden.
Die Küchenjungs trugen lange enge weiße Schürzen.
Ich saß den ganzen Abend im Wintergarten, Blick zum Tresen, in einem hohen Korbsessel, las französische Zeitschriften und schrieb manchmal etwas ins Tagebuch. Wenn Hochbetrieb herrschte, nach zwanzig Uhr, bediente und unterhielt Marie die Gäste persönlich. Zum Feierabend ließ sie sich ein Bier geben und setzte sich zu mir.
„Marie", sagte ich.
Sie sah mich an.
„Kommt es mir nur so vor oder ist David wirklich so schön, wie er aussieht?"
David sah mit fragendem Blick herüber.
Marie drehte den Kopf, um ihn zu betrachten.

„Ich weiß nicht, wie er aussieht", sagte sie.
Sie weiß nicht, wie er aussieht?
Marie hatte französisch gesprochen.
„Sprich bitte deutsch, er versteht ja alles."
„Er gefällt dir?" fragte Marie.
„Und wie."
Nur noch wenige Gäste waren da, sie saßen am Tresen. Stephan alberte mit David. Später nahm er ein Schachbrett und bot mir eine Partie an. Er verlor.
„Bon nuit", sagte ich, nuschelte ich, denn es fiel mir schwer, es auszusprechen.
„Bon nuit", sagte Stephan klar.
„Bon nuit" widerholte ich, wobei ich Zunge und Lippen verdrehte. Stephan befahl bon nuit zu vergessen, denn wir würden alle gemeinsam heute Nacht in die Disko gehen. Während die Jungs aufräumten und Marie zum Tanzen zu müde war, ging ich vor zur Disko, die direkt hinter dem Restaurant lag. Ich zog mein Basecap aus der Tasche und war entschlossen, die Nacht durchzutanzen. Der Eingang zur Disko war eine Stahltür mit einer vergitterten Luke. Als ich klingelte, wurde sie geöffnet. Ein schwarzes Gesicht mit weißen Augen starrte mich an. Erschrocken wich ich zurück. Die Tür öffnete sich, ich bezahlte 30 Franc und setzte mich an die Bar. Ich bestellte einen Gin Tonic und war der erste Gast. Buntes Licht kreiselte in gebündelten Strahlen über die Tanzfläche. Ich war noch nie in einer Disko gewesen. Meine Tanznächte fanden bei privaten Feiern, in Kneipen, beim Fasching oder Silvester statt. Um die Tanzfläche herum standen lückenlos bequeme Lederpolster. Die Bar füllte sich. Die Musik animierte sofort zum Tanzen. Ich tanzte allein, was ich selten tat. Als die Jungs kamen, tanzte ich immer noch. Sie trugen eine Flasche Whisky vor sich her, begrüßten laut den Barkeeper und den DJ. Die Kollegen also. Und Stephan kam sofort zu mir, und wir tanzten, wobei unsere Mützenschirme aneinander stießen. David und die Küchenjungs hatten sich Gläser geben lassen und gossen Whisky ein. „Jack Daniels", sagte David und reichte mir ein Glas. Er wandte sich zum Gehen.
„Je vien avec toi", sagte ich zu seinem Rücken. Ich komme mit dir. Ich hatte leise gesprochen. David reichte seine Hand nach hinten, ohne sich umzudrehen. Ich sah auf die Hand, wie auf etwas

Außerirdisches, ergriff sie und folgte David. Das Leben war ein Traum.
Gegen Morgen war es ein anderer Mann, der mich im Park an einen Baum preßte, mir die Jeans runterzerrte, den Slip. Er benutzte ein Kondom, was ich merkwürdig fand, weil mein Zustand ausschloß, daß ich an so etwas dachte.
Der Park schloß direkt an den Atlantik, der hinter einer Festungsmauer wogte.
Ich ging ins Hotel. Ich machte mir jetzt schon Sorgen. Den Mann würde ich nicht wiedererkennen, aber er vielleicht mich. Mein Basecap war verschwunden. Ich fiel ins Bett und schlief ein paar Stunden. Am Vormittag duschte ich ausgiebig. Ich erblickte die Hosen auf den Fliesen, ich sah Grasflecken. Auf der schwarzen Bluse hingen trockene Grasstückchen. Denken Sie jetzt nichts! dachte ich. Auch im Slip war das Gras. Es mußte alles ausgetauscht werden. Ausgelöscht. Fertig, sauber. Ich sah in den Spiegel, der vom Dampf beschlagen war. Ich tuschte die Wimpern schwarz, cremte mein Gesicht, klopfte mit beiden Händen die Wangen und blickte mich dann noch einmal gründlich an. Hatte David mich gestern wirklich geküßt? Oder nicht.
Hatte er gesehen, was dann geschah?
Schwach erinnerte ich mich, daß er vor mir volltrunken gewesen war und verschwand. Ich hoffte, es möge so gewesen sein.
Ich verließ mein Zimmer mit Zigaretten, Tagebuch, Walkman und einer Zeitschrift, die ich im Zeitungsladen geklaut hatte. Ich wollte mein Französisch verbessern, Vokabeln lernen.
Mittags im Restaurant teilte Marie mir mit, daß ihre Putzfrau weggelaufen sei. Na, wunderbar, dachte ich.
„Erst kam sie zu spät", beschwerte sich Marie. „Schon zum zweitenmal, aber glaubst du, sie entschuldigt sich, sie sagt irgendwas, nichts, sie kommt einfach und tut als wäre alles bestens. Ich habe sie gefragt, was mit ihr ist, ob sie müde oder krank ist, da schmeißt sie den Wassereimer um und läuft weg, glaubst du das?"
„Ja", sagte ich. „Und nun?"
„Na, die soll noch mal kommen, hat mir mit dem Inspekteur du travail gedroht."
„Mit was?"

„Inspekteur du travail." Marie erklärte mir, wer das sei. Strenge Sitten in Frankreich, sie kommen manchmal nachts um zwei Uhr und wollen die Bücher sehen oder ob jemand schwarz arbeitet.
„Jedenfalls", sagte Marie, „muß ich mir jetzt eine Neue suchen."
Das Stichwort war gefallen.
„Dann mach' ich das", sagte ich.
„Du?" Marie blickte mich an. „Du würdest das machen?" Ich nickte.
„Das ist ja wunderbar, heute und morgen haben wir geschlossen, übermorgen fängst du an."
„Ja."
Einen kurzen Moment schloß ich die Augen. Mein Leben war ein Traum.
Am Nachmittag rief ich Toni an.
„Laß' dir Zeit", sagte ich, „es läuft wunderbar."
Toni wollte in zwei Wochen herkommen.
„Bring ein paar Tage Zeit mit", empfahl ich.
Ich hatte den Job, aber ich hatte keinen Wecker. Das machte mir am Vorabend meiner neuen Tätigkeit Sorgen.
„Marie", sagte ich, „ich habe keinen Wecker, ich habe nicht mal eine Uhr."
Sie sah mich an und ruckte mit dem Kopf. „Ich auch nicht", sagte sie. „Ich glaube nicht, daß ich einen Wecker habe."
„Na ja, im Hotel werden sie mich wecken können."
Das war alles Kleinkram. Ich verdiente erwartungsgemäß zehn Mark die Stunde, arbeitete drei Stunden, aß mit den Jungs am Personaltisch Mittag, während Marie erst am Abend etwas Warmes zu sich nahm. Sie war Mitglied bei „Herba Life" und die Jungs machten sich darüber lustig. Es war eine Art Gesunde-Ernährung-Verein. Für mich klang es nach einer Sekte. Ich selbst hatte Appetit auf die Angebote sämtlicher Restaurants von Saint Martin, auf die Salate, auf die Terrinen mit heißen Muscheln in den aufgeplatzten schwarzen Schalen. Täglich der Entscheidungsdruck: Gehe ich essen oder nicht? Es kostete nie weniger als zwanzig Mark, dieses Essen. Ich stand unter Appetits-Streß. Würde ich denn, wenn ich genügend Geld hätte, jeden Tag im Restaurant speisen wollen?
Von neun bis zehn Uhr morgens machte ich bei Marie sauber. Ich fegte, wischte, entfernte Staub von den Antiquitäten und vom Piano. Pause, einen Espresso trinken, ab elf hinter in den Bügelraum. Ein großer Haufen Weißes lag im Wäschekorb. Diesen Teil der Arbeit

hatte ich am liebsten. Radio Energy gab es auch am Atlantik; mein Tagebuch lag am oberen Rand des Bügeltisches.

Ich hatte die Wäsche, Tischdecken, Servietten und Handtücher gebügelt und machte Feierabend. Ich bestellte bei David eine Kanne Tee.

Am Nachmittag kam Marie aus ihren Gemächern oder vom Strand. „Heute abend lade ich euch alle ein.“, sagte sie. „Ein neues Restaurant wird eröffnet, auf dem Feld, wir schließen heute um zehn und fahren dorthin.“

Abends stiegen wir in den weißen Ford von Marie. Das neue Restaurant war eine ehemalige Autogarage und lag einsam neben einer Windmühle am Feldrand. Innen war wenig Platz. Aber der Raum war hoch. Es roch nach Lagerfeuer und trockenem Wald. Das Kaminfeuer brannte und gab knackende Geräusche von sich. Ein rauchig, harziger Geruch von Tannennadeln schwebte über den Tischen. Die Spezialität des Hauses waren Miesmuscheln, die auf dem Feuer mit den würzigen Nadelgehölzen geröstet wurden. Genau wie im siedenden Wasser waren die Muscheln fertig, wenn sie über der Glut aufplatzten. Sie wurden auf riesigen Tellern serviert.

Küßchen rechts Küßchen links und noch einmal das Ganze. Nach einer Begrüßung der Gastwirte und Barkeeper und Kellner untereinander bekamen wir einen langen Tisch in der Mitte zugewiesen. Marie wählte für alle den Wein und das Menü, was sie jedoch vorher ausgiebig mit uns besprach, wie viele Austern am Anfang, diesen oder jenen Wein, einer der Küchenjungs aß keine Muscheln, für ihn wurde ein Fisch bestellt.

Mir imponierten die riesigen Muschelschalenberge, die am Ende auf einem anderen Teller lagen. Eine Mahlzeit, die offiziell mit Händen gegessen wurde. Die großen schwarzen Dinger zwischen die Finger nehmen und auseinander biegen. Das kleine lachsfarbene oder ockerfarbene Fleisch herausnehmen und in den Mund stecken und das nächste schwarze Ding greifen. Das machte mich glücklich. Wie bei den Austern gab es bei den Muscheln einen kleinen Fuß, auf dem sie festsaß, den ich mit der Löffelkante abschabte. Als ich das erste Mal am Atlantik gewesen war, hatte ich Marie gefragt, ob es bei den Austern etwas besonderes zu beachten gäbe. Der kleine Fuß, hatte sie mir erklärt, den müsse man unbedingt abkratzen und essen, er sei süßlich im Gegensatz zum übrigen Inhalt, man schlürfe zunächst das Salzwasser, esse die Auster und schließlich den Fuß.

Ich saß neben Marie. Es gab eine lebhafte Unterhaltung, die von Stephan angeführt wurde. Wenn ich einen Witz nicht verstanden hatte, ließ ich Marie übersetzen. Später brachte ich einen eigenen Beitrag. Ich stellte zwei Fragen, die jeder reihum beantworten sollte.
1. Welches war dein schrecklichstes Erlebnis?
2. Welches war dein schönstes Erlebnis?
Ich stellte die Fragen auf Deutsch und Marie erklärte, was ich wollte. Die Jungs sagten „Ah“ und „Oh“, setzten sich aufrechter und bereiteten sich auf ihre Berichte vor. Wir aßen und redeten ungefähr drei Stunden lang.
Die schönsten und schrecklichsten Erlebnisse lagen bei allen in der Kindheit, sie handelten von Liebe und Tod.
Als Toni kam, fühlte ich mich auf der Insel wie zu Hause. Am Telefon beschrieb ich, wo ich ihn treffen wollte.
„Wenn du in den Ort reinfährst, am Hafen entlang, sind linkerhand die Hotels und Restaurants, nicht beachten, du fährst bis zur Mitte des Hafens, da führt eine Art Brücke auf eine Hafeninsel, da treffen wir uns, im Hafencafé, du erkennst es an der blau-weiß-gestreiften Markise.“
Nachdem ich die Wäsche gebügelt und Mittag gegessen hatte, ging ich raus, setzte die Sonnenbrille auf und lehnte mich an die Quaimauer. Im Hafenbecken war Ebbe. Die Boote lagen im Schlamm, tief unten. Gegen zwei Uhr sah ich einen Passat mit einer deutschen Nummer drüben auf der anderen Seite. Ist aber zu dunkel, das Rot, dachte ich, das ist nicht Toni. Ich schlenderte hinüber, um mich draußen vor das Hafencafé an einen Tisch zu setzen. Dann sah ich Toni und freute mich. Ich hob den Arm und er erblickte mich. Als ich die Sonnenbrille absetzte, hatte sein Auto genau die richtige Farbe.
„Blau-weiß-gestreift ist gut“, sagte er empört. „Hier sind alle Markisen blau-weiß.“
„Ach was?“
Ich blickte mich um. Tatsächlich.
Toni ließ sich in den Korbstuhl fallen. Ich knipste ein Foto. „Laß’ das“, sagte er, „ich hasse es.“
„Willst du was essen? Bist du müde?“
„Hundemüde. Ich bin die ganze Strecke durchgefahren.“
Toni schlief ein paar Stunden. Am Abend gingen wir spazieren. Die engen Gassen des Ortes, die Steinmauern, die hohen Stiele der

Malven mit den großen Blüten, weiß, lila und rosa, bogen sich leicht von der Mauer zum Gehweg hin. Selten kam ein Auto die enge Straße entlang. Der stille Sommerabend machte Toni schwermütig.
„Ich will glücklich sein", sagte er, „ich will endlich glücklich sein." Er schlug mit der Faust gegen den Stein der Mauer und lachte.
Am Abend gingen wir zusammen mit meinen Kollegen in die Disko. Wir verteilten uns am Tresen. Ich saß neben Toni, flirtete aber mit David. Er saß weiter weg auf der Ecke.
„Wen liebst du eigentlich?" fragte Toni.

Epilog

Im Jahr 2000 saß ich nicht am Atlantik, sondern in der Toskana; in den Bergen in einem Haus nahe dem Mittelmeer. Ich liebte einen Mann, ein Hund war auch in der Nähe. Ich schrieb einen Roman.
Karl war nach Düsseldorf zurückgegangen und hatte sich nie wieder gemeldet.
Toni blieb mein Freund. Er lebte in Potsdam, hatte Frau und Kind und erinnerte sich noch an das Café in Florenz, wo wir uns einst getrennt hatten.
„Es ist nahe am Bahnhof", sagte er. Und obwohl ich genau wußte, wie es innen aussah, und mich mehrere Male im Jahr in Florenz aufhielt, fand ich es nie wieder.